Leading Change

An Action Plan from the World's Foremost Expert on Business Leadership

ジョン・P・コッター　梅津祐良訳
John P. Kotter

企業変革力

日経BP社

Leading Change

by John P.Kotter

Japanese Translation Rights arranged with Harvard Business School Press
in Boston Through The Asano Agency, Inc. in Tokyo

企業変革力

序文

日本語版新版への序

幸い私の著書“Leading Change”は、一九九〇年代後半からアメリカで、組織変革の分野で、ナンバー・ワンのベストセラーを続けている。この著書は、今日の世界、とくに日本にとってきわめて重要になってきている今日的課題を取り上げ、明解に、直截的に取り組んでいることから、ベストセラーとなったと確信している。

現在では、世界中のあらゆるところで、変化と乱気流がうずまいている。しかし多くの企業、組織は、過去の成功にしがみつくか、あるいは効果のあがらない変革に次から次へと飛び移る行動を繰り返している。この傾向はアメリカやヨーロッパの組織にも一般的に観察される。さらにこの問題は今日の日本にも顕著に見い出せる。私自身、日本に対してはこれまでと変わらず、高い尊敬と深い敬意を抱き続けている。

将来の日本については、二十一世紀の世界で中心的なリーダーの役割を果して頂くことを期待している。もちろん、経済的にも、政治的にも日本の多くの組織が大きな変動を経験することは避けられない。しかしそのなかで、日本人の生活水準をさらに向上させるだけでなく、世界のほかの国々の人々の生活水準を向上させることに貢献してくれるに違いない。日本という国は、そこで生活し、子供を育て、働く上で、最高の環境を提供してくれるだろう。日本という国が保ってきたあらゆる強味を認めつつ、前記のすばらしいビジョン（将来の絵姿）を実現するためには、日本の経営者、マネジャー、政治家がさらにすぐれた変革リーダーになることが不可欠の条件となる。

だれでもすぐれた変革リーダーになり得るが、そのためには強い意思とスキルが要求される。この著書は、リーダーが強い意思とスキルを身につけることを支援するために書かれている。スキルは、いかにすれば組織をさらに向上させる変革に成功するか、または失敗するかについての分析を通じた深い洞察から生まれる。強い意思は、この本を通じて紹介されるインスピレーション（奨励）と日本で伝統的に受け継がれている意思との組み合わせから生まれる。

日本のたくさんの友人、仲間にこの本を再び提供できることに望外の喜びを感ずると同時に、この本を通じて日本のさまざまな組織の変革の推進に貢献できることを期待している。

ジョン・P・コッター

二〇〇二年二月

序文

日本語版への序

これまで日本企業は、その「継続的改善」によって世界的にもきわめて高い評価を受けてきた。この「継続的改善」は、二十一世紀にはいってもなおその価値が減ずることなく継続されるであろうことは間違いない。しかし今日では、ますます複雑さが増している企業経営に対して、さまざまな力がいままで以上の要求をつきつけている。つまり、新しく開発される技術を十分に活用し、伝統や慣習を打破し、地球規模の競争に勝利するためには、継続的改善に加えて、大規模な飛躍と変革が必要となっているのである。この本では、この大規模な飛躍について論議している。

この本で紹介するさまざまなアイディアは日本発のものではなく、アメリカ発のものが多い。たしかにひとつの文化で成功する戦略が他の文化では成功しないケースもあり得る。しかしこの本では、ハーバード・ビジネス・スクールの上級マネジメントプログラムに参加された何百人かの日本人経営幹部から提供された数々の助言を十分に反映させて頂いた。これらの日本人経営幹部は、この本に述べられたすべてのアイディアが日本で機能するわけではないが、その基本的な考え方は日本においても妥当性が高く、適用可能であると評価されている。しかしこの点については読者ご自身で判断して頂きたいと考えている。

私はこの本を、変革を推進するという課題にもっとも精通し、その実践を通じて個人的にもヒーローとなられた人物、すなわち松下幸之助氏に捧げたい。

ハーバード・ビジネス・スクール
冠松下幸之助講座リーダーシップ教授
ジョン・P・コッター

一九九七年五月

はじめに

私は一九九四年夏に、ハーバード・ビジネス・レビュー誌のために、「変革を推進する――なぜ変革の試みは成功しないのか」（"Leading Change : Why Transformation Efforts Fail."）という論文を書いた。この論文は、数多くの企業で過去十五年間に進められた幾多の意義のある大規模な変革、すなわちリストラクチャリング、リエンジニアリング、戦略転換、企業買収、ダウンサイジング、品質向上計画、企業文化改革といった手法を用いた大変革の数多くの例の分析にもとづいて書かれた。この論文を書き上げた際に、このテーマについてもっと詳しく書きたいという願望が生じ、この本の執筆に取りかかった。

先の論文「変革を推進する」は、ハーバード・ビジネス・レビュー誌一九九五年三月・四月号に発表され、発表直後にレビュー誌によって販売されている抜刷り版の第一位にランクされた。これは、抜刷り版にはきわめて多数のすぐれた論文が含まれていること、抜き刷り版の部数を増すためには通常長い時間がかかることを考慮するときわめて異例なことだった。なぜこのような異例の事態が生じたのかを説明することは難しい。しかしレビュー誌の読者たちとの会話、通信を通じて、この論文が次の二点で大きな波紋を生んだことがわかった。第一には、この論文を読んだ経営管理者が企業が意味のある変革を進める際に犯し易い過ちの事例を学んで、全くその通りと同意した点である。これらの過ちは、企業の変革において数多くの企業が期待したレベルの変革を達成できない理由ともなっている。第二に、この論文を読んだ人たちによって、論文で紹介された変革を進める際の八つの段階の方法が、きわめて納得のいくものであると認められた点である。この方法論は、われわれが企業変革、変革に伴なう諸課題、戦略転換について議論するときに、いわば地図、ガイドとして役立つ。

私がこの本を書くに当たっては、先の二点を詳しく論じることを目標としたが、いくつかの点を付加した。すなわち雑誌論文の限界を超えて、この本では変革を推進するうえで、どんな行動が成功に導き、どんな行動が失敗に終わり易いかという点をたくさんの例によって紹介している。つまり、さらに実用的で実際的な方法を提示することを目指した。

さらにこの本では、この本のテーマと変革を進める推進力との関係についてさらに明確な議論を展開している。つまり、リーダーシップ、またはリーダーの役割について論じている。具体的には、いかにすぐれた人材を備えていても、単に管理者《マネージャー》のマインドセット（心構え）では変革が失敗に終わることを例示している。

最後に、この本では時間枠を広げて議論している。つまり、今世紀に起こってきた事象でわれわれがどこまで到達したのか、また来世紀にどのような展開が予測されるかを展望している。

私の過去の著作を読んでいる読者は、この本が過去に私が発表した著作、『変革するリーダーシップ——リーダーと管理者にはどのような差が発見されるか』、『企業文化が高業績を生む』（いずれもダイヤモンド社）、『新しいルール——脱企業社会でいかに成功を収めるか』等で発表した数々の提言を集大成し、さらに発展させたものであることに気付かれるはずである。

たしかにこの本は主要テーマに対する私の過去の著作に盛られた内容を論理的に発展させたものではあるけれども、そのスタイルは過去の著作とは全く異なったものとなっている。過去の著作とは異なり、脚注や巻末の注を一切省いた。自分の著作以外に他の方々の著作からの事例、アイディアの引用は避け、さらに私自身の結論を裏付けるために他の方々の著作に根拠を求めることを避けた。この意味では、私の過去の著作と比べて、この本は正に私個人の考え方を述べたものとなっている。私自身が見聞し、さらに現在ますます重要性を増している、さまざまに関連し合っている主題について私自身で結論をだした考え方を提示している。

数多くの方々にこの本の草稿に目を通して頂き、これらの方々から数々のすぐれた助言を寄せて頂いた。ダレル・ベック、マイク・ベア、リチャード・ボヤツィス、ジュリー・ブラッドフォード、リンダ・バージェス、ジェラルド・ツァルネッキ、ナンシー・ディアマン、キャロル・フランコ、アラン・フローマン、スティーブ・ゲンゲリッチ、ロバート・ジョンソン・ジュニア、カール・ヌー・ジュニア、チャーリー・ニュートン、バーバラ・ロス、レン・シュレジンガー、サム・シュワブ、スコット・スヌーク、パット・トッド、ゲイル・トリードウェル、マージョリー・ウイリアムス、ディビッド・ウインダムの諸氏である。またこの本の基本的な考え方に大きな影響を及ぼしてくれた先達として、エド・シャイン、ポール・ローレンスの名前をあげたい。みなさんに深い感謝の意を表したい。

目次

第一部

変革に伴う課題とその解決

第一章

企業変革はなぜ失敗するのか

客観的にみても、企業組織における大規模でしかも痛みを伴うような変革の試みは、過去二十年間に急増している。企業のリエンジニアリング、リストラクチャリング、戦略転換、企業合併、ダウンサイジング、品質向上計画そして企業文化改革といった試みの大部分は、早晩取り止めになると予測する人もいるが、私自身は決してそうはならないと信じている。現在強力なマクロ経済からの圧力が働いており、この圧力は今後数十年間にさらに強まるはずである。その結果、さらに多くの企業で、経費削減、製品とサービスの質的向上、さらなる成長の機会の追求、生産性向上に対する取り組みが今まで以上に要請されることになる。

今日まで、一部の企業は、このような大規模な変革の試みを、状況の改善、他社に対する競争力の強化、将来における成功のための地位確立といった要因から促進してきた。一方その他の数多くの企業では、この種の改革はさしたる成果に結びつかず、大規模な人員削減に伴って、資源の空費が発生し、人材には燃え尽き現象、怖れ、フラストレーションが生じている。

変革に伴うダウンサイジングは、ある程度までは避けがたい。つまり状況変化に人々が対応を迫られるときには、つねに痛みが伴う。しかし過去十年間にわれわれが経験した大規模な空費や苦悩は回避可能なのである。多くの過ちが繰り返されたが、そのうち代表的な例として次のような例を紹介しよう。

過ちその一
従業員の現状満足を容認する

企業を変革する際にわれわれの犯す最大の過ちは、仲間である管理者、従業員の間に改革に対する十分な危機感を盛り上げないうちに変革に突入してしまうことだ。この種の過ちは正に救いがたい。なぜなら、現状満足の高い状況では、いかなる変革努力といえども所期の目的が決して達成されないからである。

ある大企業の特殊化学品事業部のトップにアドリエンが任命された際、彼はこの事業部の行く手に、数多くの問題と同時に成長の機会がかくされていることに気付いた。これらの問題と機会は、その事業がグローバル化に向かっていることから生じたものであった。経験豊富で、自信にあふれた経営者であるアドリエンは、競争の激化している市場で、ビジネスを確立し、利益を確実なものにするために、数々の新しい試みを積極的に展開した。彼は、事業部の他の人材が行く手に存在する危険と可能性について彼ほどは明確に見通していないという事実に気付いたが、これは決して解決不可能な問題ではないと考えた。他の人材を、説得し、後押し、ないしは代替すればよいと考えた。

アドリエンはトップに昇進後の二年間にわたり、自分の改革がことごとく人々の現状満足の海に沈んでいく様を見続けることとなった。いかに彼が説得し、脅しをかけても、彼の発案した新しい製品戦略の第一段階は、実効を上げるまでにあまりに長い時間を要した。このため、その間に競合企業の打ちだした反撃によって大きな利益がすべて競合企業に吸い取られることとなった。また彼が推進しようとした大規模なリエンジニアリングのプロジェクトに対しては本社から十分な予算が獲得できなかった。組織変更の試みも彼のスタッフからの妨害にあって長い議論の末葬り去られた。アドリエンは挫折感を味わい、自分の事業部の人材には見切りをつけ、すでに彼の考えている戦略の多くの部分を実行しているかなり小規模な企業を買収した。しかしその後の二年間にアドリエンはこの事業部の人材が展開した巧妙な妨害闘争を、驚きと恐怖心を抱きつつ見続けた。つまり、全く危機感を抱いていないこの事業部の人材は、企業買収後に達成できたすぐれた経験を全く無視したばかりか、買収をした企業が買収以前に成功を収めてきた実積を継続する能力までも圧殺してしまったのである。

アドリエンのようなすぐれた人材でも、企業変革の初期段階に人々の間に十分な危機感を醸し出すのに失敗することがある。これには、数多くの異なった、互いに関連した理由があげられる。まず彼らは、組織に対して大規模な変革をどの程度受け入れさせることができるかについて過大評価している。同時に、その組織の人材をどっぷりとつかっている現状に満足した状態から、引きだすことが如何に困難なことかを過小評価してしまう。変えようとする行動が実は人々の現状維持の感情をむしろ強化してしまう事実を理解できない。我慢できずに「もう予備段階は終った。早速変革に取りかかろう」と考える。しかし彼らは、人々がそれまでの現状満足の状態からひきずり出されてしまったために起きる業績低下に身動きができなくなる。つまり人々は防衛的になり、このためにやる気と短期的業績が悪化するのである。最悪のケースでは、彼らは危機感と不安感を取り違え、不安感を盛り上げることによって、他の人材をさらにたこつぼに深く追いやり、人々の変革に対する抵抗をさらに強めてしまう。

今日ほとんどの企業で、人々の現状満足の度合が低いのであれば、先の問題は大きな問題とはならないはずである。しかし現実には、人々の現状の満足度は強い。過去における成功の数々、目に見える危機が少ない事実、あまりに容易に達成できる業績目標、企業の外に存在する関係者（コンスティチュエンシー）からのフィードバックの欠除、その他諸々の条件が人々の現状満足を高めている。人々はこう言う。「たしかにわれわれは問題を抱えている。しかしあまり大した問題でもないし、自分自身の仕事はしっかりこなしているさ」、あるいは「大きな問題を抱えているのは事実だけれど、それはみんな経営の問題さ」と。人々に危機感が欠除している場合には、彼らは本来不可欠である余分の努力を惜しむようになる。そこで必要とされている自己犠牲は期待できない。彼らは現状にしがみつき、上部から発せられる変革には抵抗を示す。その結果、リエンジニアリングは泥沼にはまり込み、新しい戦略は実効と結びつかず、企業買収は望ましい成果をあげず、ダウンサイジングは必要最低限の経費レベルまで到達せず、品質向上プログラムはビジネス上で実質的な意義をもたらすレベルに到達せず、単に表面的な官僚主義的な論議にとどまる結果をまねく。

過ちその二
変革推進のための連帯を築くことを怠る

企業のトップが変革に対して積極的に支援しない限り、いかなる大規模な変革も達成できないと言われている。しかしここで私が主張したいのは、この考え方をさらに押し進めたものだ。つまり企業変革を成功させるためには、社長、事業部門のトップ、部門長、さらに五人、十五人、ときには五十人の人たちが業績向上にコミットし、チームとして編成される必要がある。このグループに経営幹部の全員が参加することは期待できない。というのは経営幹部の一部は変革に最初から賛同するわけではないからである。しかし成功を収めるケースでは、この連帯チームが目覚しい力を発揮する。つまり、企業における役職に伴なうパワー、情報と専門能力、名声と幅広い人間関係、リーダーシップ能力が機能するからである。個々人の力では、その個人がいかに有能で、カリスマ性を備えていても、きわめて小規模な組織の例を除いては、組織に存在する伝統や慣習を打破することに必要なすべての能力を備えることは不可能である。さらに連帯感を欠く、ぜい弱なコミティー（委員会）では、個人による変革に比べてもさらにその成果はおぼつかないものになる。

強力な連帯チームを欠いた変革の試みであっても、その初期には明らかな前進を示すこともある。たとえば組織構造が変革され、リエンジニアリングのプロジェクトがスタートするといったケースである。しかし遅かれ早かれ、これに反抗する勢力がこれらの試みを妨害しはじめる。そのようなとき、単独の経営幹部または連帯を欠く委員会と、伝統または短期的な自己満足を求める勢力との間にくり広げられる水面化の闘いでは、まず後者が勝利する。後者は、たとえ組織構造の変更があっても、それによって必要となる彼らの行動の変容を決して認めようとしない。リエンジニアリングに対しても、従業員または管理者は、非協力という受身的抵抗を示してその試みを挫折させる。また品質向上プログラムにおいても、顧客満足を高める手段というよりは、さらに官僚主義を強化する手段に転換してしまう。

ある大規模な銀行で人事部長を勤めるクレアは、自分には十分な権限が与えられておらず、また人事部門以外の変革プロジェクトの長に就くことはあまり得策ではないと考えていた。しかしこの銀行が競合からのプレッシャーに対応する方策として、人員のレイオフ以外に何も対応を示せない無能力にクレアはしだいに不満を募らせ、遂に「品質向上」のためのタスクフォースの長に就くことを承諾した。しかし次の二年間は、彼女のキャリアのなかでもっとも不満の高まる期間となった。

そのタスクフォースには、銀行のもっとも重要な三つのライン部門の管理者は一人も参加していなかった。やっとのことで第一回目のミーティングをセットし会議をはじめると、メンバーの何人かは日常業務がきわめて忙しいと苦情をもらした。クレアは大きな問題に直面していることを認識した。このミーティングのあと、全く改革が停滞した。このタスクフォースは、コミティー形式の悪しき例、つまりスローで、政治的で、いらいらを募らせる例としてみんなの笑いものとなった。ほとんどの仕事は、コミティー内の少人数の献身的な小グループによって遂行された。しかしコミティーのほかのメンバーや重要ライン部門の管理者たちは、この小グループの努力に対し、何の興味も理解も示さず、グループの生みだした提案のほとんどは実行に移されなかった。タスクフォースは十八カ月間命脈を保ったのち、忘却のかなたに消え去った。

この種の失敗は、変革を進める際の困難性を過小評価したこと、さらに変革を導く強い連帯が必要であることを考慮しなかったことが原因だ。したがって人々の間に現状満足の度合がかなり低い状態にあっても、これまで変革の経験、チームワークの経験のない企業では、チームの重要性を過小評価しがちとなり、またこのような変革は、重要なライン部長の管理者ではなくて、人事部門、クオリティー部門、または戦略企画部門の管理者でも推進可能だと認識されがちである。しかしスタッフ部門の長がいかに有能で、献身的であっても、ライン部門のリーダーからの強力な支援が得られない変革推進チームでは、組織内の非効率の原因となっている障害を克服するために必要なパワーは獲得できない。

過ちその三
ビジョンの重要性を過小評価する

危機感および変革を進めるための強力な連帯チームの存在は、大規模な変革の必要条件であっても十分条件とはなり得ない。成功を収める変革につきものの諸条件のうちで、有意義なビジョンの存在こそがもっとも重要な条件となる。

ビジョンは、多数の人材の間に必要な行動の方向を示し、人材を整列させ、人材を鼓舞することによって、意義のある変革を進める際に大きな力を発揮する。有意義なビジョンが存在しなければ、折角の変革の試みも、間違った方向に導かれたり、あるいは全く行き場のない、目的の定まらない、矛盾含みの、そのくせ時間を空費するだけのプロジェクトに成り下がってしまう。すぐれたビジョンが存在しない場合には、たとえば経理部門におけるリエンジニアリング、人事部門における三六〇度評価法の導入計画、工場における品質向上計画、またはセールス部門における文化の変容といった試みも、意義のある付加価値を生まず、またこれらの試みを適切に実行するのに必要なエネルギーを生みだすこともできない。

変革の推進に伴う困難さを認識している人たちは、カーテンのうしろで密かに計画を操作し、将来の方向についてみんなと議論することを意図的に避けようとする。しかし意思決定の方向を指し示すビジョンが公表されないと、従業員が直面するすべての選択場面で、従業員間に果てしない議論が巻き起こる。些細な意思決定にすらエネルギーを消費し、社員のやる気を損なう激烈な対立を生みだすこともある。またあまり重要でない戦術の選択に討論が集中し、貴重な時間を空費してしまう。

また変革が失敗に終わった多くのケースでは、ビジョンに代えて、計画やプログラムを活用しようとしたケースが見られる。あるコミュニケーション企業で、クオリティーの王様とすら呼ばれたコンラッドのケースでは、彼自身が、その変革目標をあきれるほどに詳細に記述した十センチに及ぶノートを作成するために多大の時間と資金を費やしている。このノートには、さまざまな方法論、目標、手段、達成期日が詳細に記述されていた。しかしこのノートのどこにも、これらの努力がどの方向を目指しているのかについての明確で、力強い声明は含まれていなかった。その結果、予想どおり、彼がこのノートのコピーを何百冊も作って従業員に配付しても、従業員が示した反応は、混乱または無視というものであった。この部厚いノートは、従業員の結束も促さなかったし、変革への取り組みも促さなかった。むしろ逆に、従業員の側に変革に反対する気持を芽ばえさせてしまった。

またほかの変革の失敗例では、たしかに経営者は明確な方向を把握していたものの、それがあまりに複雑であったり、実行の指針としてはあまりに不明瞭であったケースが散見される。最近私は、イギリスの中堅製造企業の経営者に彼のビジョンを説明してくれるように尋ねた。その回答として、ほとんど意味不明瞭な三十分にわたるレクチャーを受けるはめに陥った。彼は、実現したいと願っている企業買収について語り、製品の一つに対する新しいマーケティング戦略について語り、「顧客優先」に関する彼の見解、外部から新しい経営幹部を採用する計画、ダラスの事業所を閉鎖する理由、さらにほかの幾多の計画についても語り続けた。これらの説明のなかに埋没していたものは、将来に対するすぐれた方向づけというきわめて基本的な要件であった。しかもこの方向づけは、あまりに奥深いところに埋没していたのである。

ここで有用な原則を紹介しよう。「変革を推進するビジョンを五分以内で説明しきれない場合、あるいは従業員がそれを理解し咀しゃくする際に混乱を示した場合は、問題は必ずそこにある」という原則である。

過ちその四
従業員にビジョンを周知徹底しない

大規模な変革は、企業内のほとんどの従業員が、ときには短期的な自己犠牲をいとわず、変革に協力を惜しまないレベルに達しなければ、その成功はおぼつかない。しかし従業員は、たとえ現状に満足していない場合でも、変革の成功のあとに得られる利益が魅力的で、かつその変革が実現可能だと確信できない限り、自己犠牲を払うことはあり得ない。つまり、トップからの念のいった信頼できるコミュニケーションがなければ、従業員の心と気持をつかむことは不可能となる。

コミュニケーションがうまく進まないケースとしては、次の三つの代表的なパターンが考えられる（これらのパターンはすべて過去の安定した時期に身につけた習慣から生じている）。第一は、経営者グループはたしかに変革推進のためにかなりすぐれたビジョンを作りだしてはいる。しかしそのビジョンを従業員に売り込む際に、数回のミーティングを開く、または数通のメモを出すことにとどまっているケースである。このような経営陣は、単に社内の年次報告のほんの一部を活用しているにすぎないが、あとで一般従業員が新しい変革についてほとんど理解していないことを知ってあわてふためく事態をまねく。第二のパターンは、企業のトップがいくつもの従業員グループに対し多大な時間をかけて変革について説明しているのに、トップを支える管理者たちが沈黙を保っているケースである。第一のパターンに比べれば、ビジョンの説明に年次報告活動の多くの時間を使ってはいるものの、なおその時間は極端に不足している。第三のパターンでは、さらに多大な努力が社内メモやミーティングに費やされる。しかし一部のかなり有力な経営管理者が、そのビジョンに相反する行動を取り続けることによって、一般従業員の間には懐疑心が生じ、新しいビジョンに対する信頼感は低下の一途をたどる。

個人的につき合いのある、きわめて有能なCEO（最高経営責任者）は、一九八〇年代初期に経験した失敗例について、次のように語っている。「その当時は、われわれの新しいアイディアを従業員に伝えるために多大の努力をしていると信じていた。しかし数年たったあと、われわれと従業員との距離は数マイルも離れていることが明らかになった。さらに悪いことに、われわれ経営陣は、従業員に伝えた事柄と矛盾するような意思決定をときに下してしまっていたように思う。一部の従業員が、経営陣は偽善者の集団だ、と考えても仕方がなかった」。

コミュニケーションは、言語だけでなく、行動によっても進められる。一般的に言って後者は、きわめて強力なメッセージとなって伝わる。つまり、重要な地位を占める人物が言葉でコミュニケートしたことと矛盾した行動を取ると、何にも増して変革の努力を破滅させる原因となる。しかしこの状況はあちこちで発生しており、しかもきわめて評判の高い企業においてすら発生している。

過ちその五

新しいビジョンに立ちはだかる障害の発生を許してしまう

どんな大規模な変革を実現していく際にも、多くの人たちからの協力行動が不可欠である。しかし、一般従業員が新しいビジョンを歓迎している場合でも、彼らの行く手に巨大な障害が存在し、そのために意気消沈しているときには、新しい変革はまず成功しない。ときにはこの障害が、単に従業員の頭のなかで生みだされたものである場合もある。そのようなときには、従業員に、現実にはそのような外的障害は存在しないということを知らせることが経営陣の大きな役割である。しかし実際には、本当に障害が存在しているケースが多い。

その障害が組織構造に起因することもある。たとえば職務をあまりに狭い範囲に限定し過ぎて、生産性向上や顧客サービス向上といった変革努力を阻害してしまうケースもでてくる。また新しい給与管理や業績評価システムの導入の際に、従業員に、自己の利益と新しいビジョンの推進のいずれかを選択することを強要することもある。しかしここでもっとも大きな問題は、管理者の行動、つまり新しい状況に適応しようとせず、目指す変革と矛盾した要求を従業員に強要するという行動である。

たった一つの強力な障害物が、変革努力の一切を止めてしまうこともある。ラルフがその好例だ。ある金融サービス企業に所属する彼の部下たちは、ラルフを「ロック（岩）」と呼んでいた（彼自身はこのあだ名を良い意味に解釈していたが）。彼はその企業で進められている大規模な変革努力に対し口先では支援すると言明していたが、自分自身の行動を変えたり、彼の部下の管理者に彼らの行動を変革に沿って変えるように指導したわけではなかった。変革ビジョンで求められている考え方が部下から提案されても、それに対し褒賞を与えることはなかった。また旧来の人事管理システムが、新しい理想像と合致していないにもかかわらず、古いシステムをいつまでも使い続けた。ラルフのこのような行動は、彼がどのような管理職位であっても変革に対する障害となり得たが、悪いことに彼は単に管理職位に就いていただけではなく、その企業の三番目の経営幹部の地位にあったのである。

ラルフ自身は、その企業では大規模な変革は不必要であり、また変革を進めながら彼に期待されている短期的業績を達成することは不可能だと信じていた。このため先に述べたような行動を取り続けたのである。またこの企業では経営幹部間で人事的問題を巡って真正面から対決する慣行がなかったこと、さらにほかの人たちが彼を怖れていたこと、またこの企業のCEOが彼のような有能な人材を失うことを怖れていたという事情が重なって、彼はこうした行動を取り続けることを許されたのである。しかし結果は惨たんたるものであった。第一線レベルの管理者たちは、この変革に対する自分たちの献身的努力は経営幹部によってあざむかれたと感じ、批判が続出し、変革もほとんど停まる運命をたどった。

有能かつ善意の人たちが障害の打破に取り組まないケースでは、まず従業員がやる気を失い、変革が先に進まなくなる。

過ちその六

短期的な成果をあげることを怠る

本格的に企業変革を推進するためには長い時間を要する。戦略を転換したり、ビジネスを再構築するといった複雑な変革を推進する場合には、短期的な、区切りごとの目標を設定し、その目標達成を確認し、勝利を祝うという工夫をしない限り、変革の勢いを殺いでしまう。われわれは、六カ月から十八カ月以内に、変革の努力が予定通りの成果を収めているという確固たる証拠を確認できなければ、いつまでも続く長い行進には耐えられない。区切りごとの勝利を確認できなければ、ほとんどの従業員は変革を断念し、むしろ積極的に抵抗グループに身を投じてしまう。

短期的成果（勝利）を実際に生むことと、単に短期的成果を願望することとは明らかに異なっている。前者が能動的であるのに対し、後者は受能的態度である。成功を収める変革では、管理者は、明確な業績の向上を実現する方法を積極的に追求する。つまり年間計画に具体的な目標を設定し、これらの目標を達成し、さらに目標達成に参画した人たちには褒賞、昇進、昇給を与えてその業績をたたえる。これに対し失敗に終わる変革努力には、六カ月から十八カ月の間に明確な成果を確認するためのしっかりした仕組みが組み込まれていることは少ない。このようなケースの管理者たちは、ただすばらしいことが起こりつつあると願うか、あるいはあまりに全体的なビジョンに心を奪われて、短期的な成果を見過ごしてしまう。

ネルソンは性来「大きな夢」を求める人物であった。彼は二人の同僚からの支援を得て、在庫切れを起こさずに在庫コストを大幅に削減するために、自分が管理する在庫管理グループに新しい技術を導入しようと考えた。三人の管理者は、このビジョンを実現すべく、一年間、さらに二年間とこつこつプランを進行させた。彼らの基準によれば大きな前進が実現していた。新しい在庫管理モデルが完成し、新しいハードウエアが購入され、新しいプログラムも完成した。しかしこのプロジェクトに疑問を抱いている人たち、とくにこの事業部の経理部長の目から見ると三人の管理者は全く業績をあげていないように見えた。この経理部長は、在庫コストが大幅に削減されるか、あるいはプロジェクトに掛かるコストを上廻るはっきりした利益が生まれることを期待していたのである。三人の管理者が説明を求められたとき、彼らは大規模な変革には時間が必要だ、と釈明した。経理部長は二年間はこの釈明を受け入れていたが、そのあとついにプロジェクトの停止を命じた。

われわれは短期的な成果をあげる要求に異を唱えがちである。しかし適切な環境のもとではこの種のプレッシャーは変革を進める道筋で効果を発揮し得る。たとえば品質向上プログラムや文化変容プロジェクトに長い時間が掛かることがはっきりしてくると、通常人々の危機意識も低下する。こんなとき、短期的成果をあげるという人々の合意が存在すれば、現状満足の気持を低く抑えることができるし、さらに変革全体に対するビジョンを見直し、必要に応じて変更していく際に有効な分析的思考を働かせることができる。

ネルソンの例では、この種のプレッシャーがあれば、いくらかでもコスト削減に結びつく成果を示すようにコース変更を行なうこともできたであろうし、あるいは新しい在庫管理モデルの部分的な稼働に踏み切ったはずである。そしてこのような短期的成果を折々に示すことによって、このきわめて有効性の高いプロジェクトは存続され、会社にも大きな成果をもたらし得たはずである。

過ちその七
早急に勝利を宣言する

数年間苦労して変革に取り組み、最初に大きな業績上の改善が確認されると、この大規模な変革努力に勝利したと宣言したくなる。もちろん、勝利を祝うことは構わない。しかし課題がほとんど解決されたと考えると大きな間違いである。つまり、変革が企業文化にしっかり根づくまで、通常企業全体に浸透するまでに三年から十年の期間が必要とされるが、それまでは新しい方法はぜい弱であり、後戻りの可能性がある。

ここ数年間、私はリエンジニアリングの課題に取り組んだ十二の変革プロジェクトを観察してきた。このうち二ケースを除いて、最初の主要なプロジェクトが完了した際に勝利が宣言され、コンサルタントには支払いが済まされ、礼も言われた。しかし当初の目標が達成されたのか、新しい変革が全従業員に受け入れられたのかについては全く証明されていない。こんな状況では、数年するうちに、導入された効果的な変革もしだいに死に到る。先の十ケースのうちの二ケースでは、リエンジニアリングの試みの痕跡は全く残っていない。

最近私は、リエンジニアリングを専門とするコンサルティング企業のトップと会った折に、先のような例は例外的なものであるかどうかを尋ねた。彼女曰く、「残念ながら全く例外ではありません。私たちにとっても、数年間コンサルテーションに励み、何らかの成果があがってきたときに、中途半端なうちにプロジェクトが終了されてしまうのはとても残念です。でもこんなことはしょっちゅうです。リエンジニアリングを完了し、企業に定着させるために多くの企業が費やす時間はあまりに短か過ぎるのです」。

私は過去数年間、同じようなことが、品質向上プロジェクト、組織開発、その他の変革プログラムに起こってきたことをこの目で確認している。多くの問題は、変革プロセスの初期にも発生する。たとえば、危機意識が十分に高まっていない、変革を進める連帯チームに十分な力が与えられていない、ビジョンが明確でない、などだ。しかしあまりに早急に勝利を祝う行為は、すべての推進力を停止させてしまう。そこで古い方法に戻ろうとする強力な力が変革にとって替わってしまうのである。

皮肉なことに、理想主義的な変革推進者と自己を守ろうとする変革反対者が一緒になって先の問題を生みだすのである。変革推進者のほうは、変革に前進の証しが見えたことに歓喜して、ついはめをはずしてしまう。ここに変革反対者が割り込んできて、変革をつぶす機会を敏感に感じ取る。祝勝会のあと、変革反対者たちは、この勝利を戦争終結の証しである、と指摘して、兵士も原隊へ復帰させるべきだ、と主張する。疲れはてた兵隊たちも自分たちは勝利したということで自らを納得させる。そのあと、しだいに変革は停滞し、全く適切ではない古い方法が復活しはじめる。

あまりに早急に勝利宣言することは、意義ある変革の行進の途中で穴に落ち込むことにたとえられる。どういうわけか、きわめて有能な人材ですら、単に穴にころげ落ちるのではなく、ときには自ら両脚そろえて穴に飛び込んでしまうのである。

過ちその八　変革を企業文化に定着させることを怠る

最後のポイントとして、変革そのものは、各職場と企業全体の血管にその方法がしっかり浸透して、「われわれの職場ではこのように行動するのだ」と皆が納得する状態になって、はじめて企業に定着する。しかし新しい行動様式が職場の規範となり、共有の価値観として根づくまでは、変革努力に伴って生じていたプレッシャーが取り除かれるとすぐに変革前の状況に後戻りする恐れがある。

企業文化に新しい方法を定着させる際に、次の二つの要件がきわめて重要である。第一は、新しい行動と態度がいかに業績向上に貢献しているのかを従業員に説明する意図的な努力を継続する要件である。従業員に、新しい行動と業績向上の関係を類推することを許すと（実際にはこうすることが多いが）、従業員は両者を間違った方法で関連づけがちである。たとえばある部門で、カリスマ性の高いコリーンが部長を務めているときにその変革が進められたために、多くの従業員は、その部門の業績向上を、新しい「顧客最優先」の戦略（実際にはきわめて大きな成果をもたらしたのであるが）に対してではなく、部長のあざやかな販売手腕に結びつけてしまうのである。その結果、この部門に定着した学習は、「汝の顧客を愛せよ」ではなくて、「外交的な管理者を尊敬せよ」ということになってしまった。

変革を定着させるためには、経営陣の後継者が新しい方法をしっかり自分のものにすることができるまで、十分な時間を費やすべきである。ここで昇進基準が適切に変更されない場合には、変革も継承されない（昇進基準が適切に変更されない点も各社に共通する過ちの一つであるが）。企業トップの後継者選びに一度でも間違いを犯すと、十年にわたる変革の努力が一瞬にして崩れ去ってしまう。

企業のトップの後継者選びで間違いを犯しやすいケースは、役員会のメンバーが変革の中核として働いてこなかったケースである。私自身が最近見聞した三つのケースでは、変革の旗手が、引退を間近にしたCEOであった。たしかに彼らの後継者は変革反対者ではなかったものの、変革を進めた積極的なリーダーでもなかった。さらに役員会はその変革について詳しく理解していなかったために、問題のある後継者を選んでしまったことにも気付かなかった。引退したCEOの一人は、役員会に、経験は浅いが、新しい仕事の進め方をしっかり自分のものにしていた人物を後継者に推薦したが、結局この提案は承認されなかった。またほかの二つのケースでは、CEOは、変革が後戻りすることはあり得ないと信じて、役員会の決定に異を唱えなかった。しかしこのCEOは間違っていた。数年もしないうちに、新しく、さらに強力に変貌した企業の姿はこれら三つの企業から消えはじめたのである。

有能な人物でも、企業文化の問題に理解を欠くために問題を見失う。たとえば数字的な業績に関心を寄せる財務部門の人材や分析を重視するエンジニアには、社会的規範とか価値観はあまりに曖昧に感じられる。その結果、これらの人材は企業文化を無視してしまい、結局は自ら損害をこうむるのである。

八つの過ち

変革に伴う八つの過ちのいずれも、変化のゆっくりした、競争も厳しくなかった時代にはそれほど大きな問題とはならなかった。十分に安定しており、寡占状況の環境では、新しい試みを迅

図1-1 企業の変革努力に発生しやすい8つの間違いとその結果

発生しやすい間違い

- ✔ 従業員の現状満足を簡単に容認する
- ✔ 十分なパワーを備えた変革推進のための連帯チームを築くことを怠る
- ✔ ビジョンの重要性を過少評価する
- ✔ 従業員にビジョンを十分に伝達しない
- ✔ 新しいビジョンに立ちはだかる障害の発生を許してしまう
- ✔ 短期的成果をあげることを怠る
- ✔ 早急に勝利を宣言する
- ✔ 変革を企業文化に定着させることを怠る

↓

生じてくる結果

- ✔ 新しい戦略が効果的に展開されない
- ✔ 企業買収によっても期待されたシナジー（相乗効果）を生まない
- ✔ リエンジニアリングのプロジェクトに長い時間と多大のコストが掛かる
- ✔ ダウンサイジングによってもコスト削減が思うように進まない
- ✔ 品質向上プログラムでも所期の目標が達成されない

速に進めることは企業の成功にとって不可欠の要件とはならなかった。しかし今日のわれわれにとっての問題は、安定が続く状態はもはや望めないという点である。今日ほとんどの専門家は、次の数十年には、企業を取り巻く環境はさらに変化が激しくなるということで意見が一致している。

変革の試みに伴う八つの過ちの一つでも犯せば深刻な結果を招く（図1―1）。新しい変革を遅らせる、不必要な抵抗を生む、従業員に長い間不満を抱かせる、あるいは必要な変革を完全に停止させてしまう結果をまねく。このような過ちのたった一つでも犯せば、企業は、顧客が支払い可能な価格で製品またはサービスを提供できなくなる。経費はどんどん削減され、従業員はレイオフされ、企業に残った人たちも厳しいストレスを味わう。家族や社会へも壊滅的な影響が及ぶ。私がこの本を書いている期間にも、このような壊滅的な現象によって生みだされた恐怖の念は、大統領の政治にも現れている。

八つの過ちは回避が不可能なものではない。十分な理解と技能をもってすれば、過ちは避けられるし、少なくとも減らすことはできる。企業がなぜ必要とされる変革に抵抗を示すのか、破壊的な影響を及ぼす企業内の無気力を克服することに役立つ八段階のステップとはいかなるものか、さらに重要なこととして、変革のプロセスを社会的に認められた健全な方法で推進するために必要とされるリーダーシップは、単なるすぐれたマネジメント（経営管理）以上のものであることを理解することが解決の鍵を握っている。

第二章

成功する変革とその源動力

困難で、苦痛に満ち、しかも成功にたどりつけない難かしい変革の試みを経験した人たちは、変革というものに悲観的で、怒りに満ちた結論を出すことが多い。このような人たちは、変革を進めようとしている人たちが抱いている動機をとかく疑いの眼で受けとめがちである。大規模な変革は大きな犠牲なしには実現不可能だ、と懸念する。上司はモンスター、あるいは経営者は無能と考える。しかし私自身は、リストラクチャリング、リエンジニアリング、品質向上プログラム、企業合併と企業買収、企業文化変容、ダウンサイジング、戦略転換といった方法を通じて企業業績を向上させようとした数々の変革の試みを観察したあと、これとは全く異なった結論に到達した。すなわちすでに入手可能なデータから明らかなように、いかなる公的機関も私企業も許容可能なコストの範囲内で業績を大幅に向上させることができる、しかしその変革の過程では、これまでの歴史の中でわれわれは変革へ挑戦する経験を積む機会がなかったために、多くの過ちを犯しがちである、というのが私の結論である。

市場と競争のグローバル化

私と同世代、あるいはもう少し前の世代の人たちは、企業変革が今ほど一般的でなかったときに成長した。地球規模の競争もそれほど激化しておらず、ゆっくりと進むビジネス環境のなかで、当時の特徴は安定性であり、その頃よく言われた教訓は「もしそれが壊れていないのなら敢えて直すな」というものであった。変化はゆっくりと、時たま発生した。一九六〇年代に活躍した典型的な経営管理者に、今日のビジネスマンは、十八カ月から三十六カ月の間に、生産性を二十から五十%向上させ、クオリティーを三十から百%改善し、新製品開発に要する時間を三十から八十%短縮しようとしていると説明したとすれば、彼らは「ご冗談を」、と笑い飛ばすはずである。そんな短期間にそれだけの規模の変革を進めることは、彼らの経験からはとても信じられないのである。

今日われわれが直面している挑戦は前の時代と全く異なる。地球規模経済は、われわれ全員に危険とともに大きな機会をもたらしている。各企業は、競争に打ち勝って繁栄を実現するためにだけでなく、何とか生残りを続けるためにも、大改革を進めることを余儀なくされている。さらに企業のグローバル化は、技術革新、国際規模の経済の統合、先進諸国における国内市場の成熟化、さらに世界中の共産主義体制の崩壊から生まれた広範かつ強力なさまざまな力によって促されているのである（図2―1）。

だれもこれらさまざまな力から逃れることはできない。たとえば限られた地域で製品を販売している企業でさえ、このグローバル化の影響を感じ取っている。この影響の及ぶ過程は間接的であることもある。たとえばトヨタがGMを打ち負かす、GMは従業員をレイオフする、財布の紐を締めた従業員は近所のクリーニング店にもっと料金を下げるように迫るといった例である。企業と同様に、学校、病院、慈善団体、行政機関も同じように改善を進めることを求められている。ここでの問題は、ほとんどの経営管理者が、この種の改革をどのように進めるかをガイドする経験も伝統も持ち合わせていない点である。

過去二十年間の数多くの企業の行動を振りかえって、企業が大規模な変革を推進することは全く不可能であり、現状をそのまま受け入れることを学ぶべきだ、と結論づける人々もいる。しかしこの考え方では、最近達成された大規模な組織変革の成功の事例を説明できない。新しい戦略、企業買収、リエンジニアリング、品質向上プログラム、リストラクチャリングを自社でいかに成功させるかという方法を見事に見つけだしている企業もある。これらの企業では、第一章で紹介した変革に伴うさまざまな過ちを最小レベルに抑えてきた。その過程で、企業の倒産を逃がれ、

図2-1　企業における大規模変革を促す経済的・社会的な力

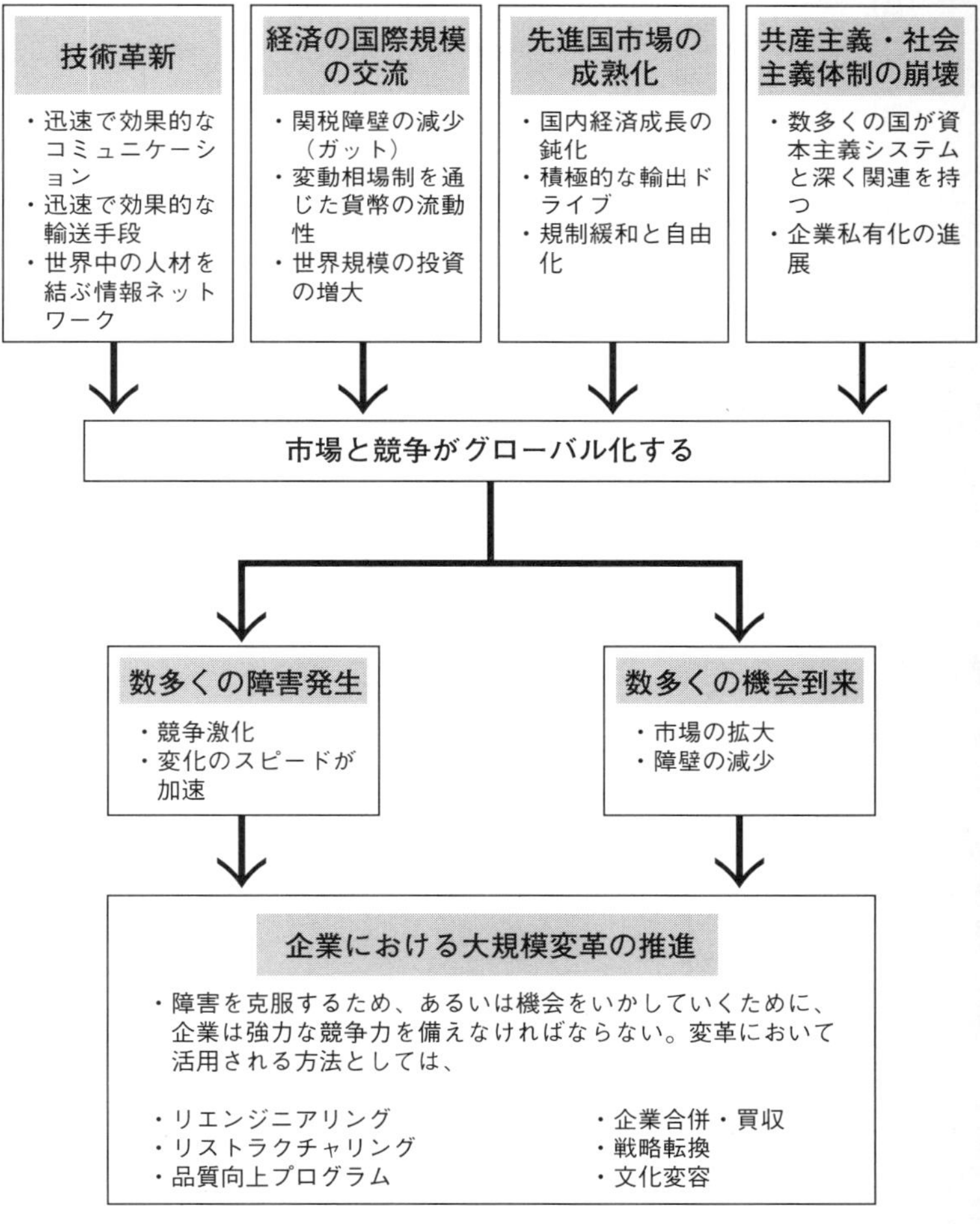
技術革新
・迅速で効果的なコミュニケーション
・迅速で効果的な輸送手段
・世界中の人材を結ぶ情報ネットワーク
経済の国際規模の交流
・関税障壁の減少（ガット）
・変動相場制を通じた貨幣の流動性
・世界規模の投資の増大
先進国市場の成熟化
・国内経済成長の鈍化
・積極的な輸出ドライブ
・規制緩和と自由化
共産主義・社会主義体制の崩壊
・数多くの国が資本主義システムと深く関連を持つ
・企業私有化の進展
市場と競争がグローバル化する
数多くの障害発生
・競争激化
・変化のスピードが加速
数多くの機会到来
・市場の拡大
・障壁の減少
企業における大規模変革の推進
・障害を克服するため、あるいは機会をいかしていくために、企業は強力な競争力を備えなければならない。変革において活用される方法としては、
・リエンジニアリング
・リストラクチャリング
・品質向上プログラム
・企業合併・買収
・戦略転換
・文化変容

出典："The New Rules: How to Succeed in Today's Post-Corporate World" J. P. Kotter著, Free Press刊 1995年

その産業の中位からトップに到達し、あるいは直近のライバルを遠く引き離す地位を築いている。

このような成功ケースを分析すると、二つの重要なパターンが浮かび上がってくる。第一は、成果をもたらした変革が、無気力の源を断ち切るために必要なパワーと動機づけを生みだす多段階のプロセスと手をたずさえて進められたケースが多いという特徴である。第二に、このプロセスは、すぐれた経営管理のみによってだけでなく、高度なリーダーシップによって推進されない限り、決して効果的に組織に定着しないという事実である。マネジメントとリーダーシップの間に存在する重要な差については、大規模な組織変革を推進するプロセスを検討する過程で、繰り返して説明するつもりである。

変革推進プロセスに含まれる八つの段階

成功を収める組織変革で活用された方法は、一つの基本的な考え方に基づいて生みだされている。つまり、大規模な変革は、さまざまな理由から簡単には実現しない、という考え方である。たとえば、外部の客観的な眼を持った人が、その企業のコストが高過ぎる、製品は質的に劣る、顧客の示す嗜好の変化に十分に対応していない、といった事実を発見しても、なお必要な変革が開始できないことがある。つまり社内にばかり眼を向けている企業文化、変革をさまたげる官僚主義、派閥的な政治的行動、信頼感の欠除、チームワークの不活発、ごう慢な態度、中間管理層におけるリーダーシップの欠除、さらに人々がつねに抱く不確実に対する怖れが原因となって、変革が進まないのである。ここで成功を収めるためには、戦略転換、リエンジニアリング、品質向上のためのプロジェクト等を推進する際には、ここに紹介したさまざまな障害にしっかり対応していくことが不可欠である。

道筋を図示する場合には、どうしても現実を単純化せざるを得ない。したがって私が、図2―2を読者に示すに当たっては、その限界を御承知いただきたい。この図は、企業でのどの規模の変革でも成功に導き得る諸段階を示している。このプロセスには八つの段階が含まれるが、それぞれの段階は、第一章で紹介した変革の進行を停滞させる八つの過ちのそれぞれに対応する。具体的に述べれば、危機感を植えつける、変革推進をガイドする連帯チームを生む、ビジョンと戦略を作りだす、変革のためのビジョンを周知徹底する、行動に向けて多数の参加者をエンパワーする（自発的取り組みを刺激する）、短期的な成果を生む、前進を確認し、さらなる変革に結びつける、さらに企業文化に新しい方法を定着させる、という八つの段階である。

変革の過程に含まれる最初の四段階は、かちかちに凍りついた現状をとかす役割を果たす。もしその変革が簡単なものであれば、ここにそれほど大きな努力は必要ない。さらに第五から第七段階では、たくさんの新しい仕事の進め方が導入される。また最後の段階では、変革を企業文化に植え込み、定着させることを支援する。

成果をあげることにプレッシャーを感じている人たちは、大規模な変革を進める際に、ある段階を、ときには多くの段階を飛ばして実施しがちである。ある有能で、実力のある経営幹部が私に対して、彼の進めようとした組織変革の試みが、その企業の経営陣によって阻害された原因として、次のような事実を語ってくれた。われわれの会話は簡単にまとめると次のようなものだ。

「あなたのところの経営陣は、現状に不満を感じていたのですか。本当に危機意識を持っていたのですか」と私が尋ねた。

「一部は危機意識を持っていたけれど、大部分は持っていなかったでしょうね」。

「ではだれがこの変革を進めようとしたのですか」。

「やはりほとんど私の発案でしたね」と彼が認めた。

「あなた自身は、なぜこの組織変革が必要であるかを説明するために、明確なビジョンといかにゴールに到達するかという戦略を立てましたか」。

「立てたと言ってよいと思いますが、どれほど明確であったかについては自信がありません」と認めた。

「それらのビジョンや戦略を要約して、一、二ページの文書にしましたか」。

「いや、それはやっていませんね」。

「それではあなたのところの経営管理者はそのビジョンを理解し、かつ信奉していましたか」。

図2-2　大規模な変革を推進するための8段階のプロセス

1. 危機意識を高める

・市場と競合の現状を吟味する
・危機、あるいは絶好の成長機会を見付けて、検討する

2. 変革推進のための連帯チームを築く

・変革をリードするために十分なパワーを備えたグループを生みだす
・このグループにチームとしての活動を促す

3. ビジョンと戦略を生みだす

・変革の試みを導くためにビジョンを生む
・このビジョン実現のために戦略を立てる

4. 変革のためのビジョンを周知徹底する

・あらゆる手段を活用して継続的に新しいビジョンと戦略をコミュニケートする
・連帯チームのメンバーが、従業員に期待される行動を自らがモデルとなって示す

5. 従業員の自発を促す

・変革の行く手をはばむ障害を取り除く
・変革ビジョンを妨害するシステムや組織構造を変革する
・リスクテイキング、いままで遂行されたことのないアイディア、活動、行動を促進する

6. 短期的成果を実現する

・業績上で眼に見える改善、すなわち短期的勝利を生む計画を立てる
・実際に短期的勝利を生みだす
・これらの勝利実現に貢献した人たちをはっきり認知し、報いを与える

7. 成果を活かして、さらなる変革を推進する

・変革のビジョンに合致せず、全体的試みになじまないシステム、構造、制度を変革することに、築き上げられた信頼を活用する
・変革ビジョンを推進することに貢献する人材を採用し、昇進させ、開発する
・新しいプロジェクト、テーマ、変革推進者を通じて変革プロセスを強化する

8. 新しい方法を企業文化に定着させる

・顧客重視、生産性向上を目指す行動、すぐれたリーダーシップの発揮、さらにすぐれたマネジメント機能を通じて業績向上を実現する
・新しい方法と企業の成功の関係を明確に示す
・リーダーの開発と後継者育成を促す手段を生みだす

出典："The New Rules: How to Succeed in Today's Post-Corporate World" J. P. Kotter著 Free Press刊 1995年

「三、四人の経営幹部は賛成していましたが、あとの人たちは理解していないか、信じていないのか、どちらかだったようですね」と彼は結論した。

図2―2で示した八段階のモデルの表現に従えば、この経営幹部は、彼が組織変革を発案して変革に取り組むと同時に、第五段階へジャンプしてしまったと言える。初期の四段階をスキップしたために、彼は人々からの抵抗にあったのである。また彼が人々に無理矢理新しい組織構造を押しつけようとしたとすれば（やろうと思えばそれは可能だったのだが）、人々は、彼が自分たちに期待した行動変容を阻止するきわめて巧妙な逃げ道を無数に見つけだしたはずである。彼はこのことを判っていたので不満を感じながらもじっと我慢したのである。このようなケースは決して珍しくはない。

われわれは一般的に、組織を変革、転換させようとするときに、第五、第六、第七の段階のみを実践しようとしがちである。とくにそのような変革では、たった一つの方法、たとえば組織変更、企業買収、従業員のレイオフを実行すれば、必要とされる変革が実現できると考えられるときに、先のような行動に走りがちである。さらにわれわれは、一つの段階を仕上げないうちに次の段階へ移る傾向がある。あるいは変革が先に進んだ際に、初期の段階を強化することを怠ることもある。その結果、危機感が弱まったり、変革を推進する連帯が崩れ去ったりする。ここで注意すべきは、肩ならし、あるいは現状の氷をとかす行動の一つでも怠ると（第一から第四段階）、変革をさらに強力に推進するための強固で、十分な地盤を築くことはまず不可能である、という点である。さらに、第八段階で要求される仕上げを怠ると、ゴールに到達し、変革を組織に定着させることは不可能となる。

順序を守る

どのような規模の変革であっても、成功を収める変革は、八つのすべての段階が、図2―2に示された順序に沿って遂行される。たしかに変革の試みというものは、いくつかの段階が同時に進行することがつねであるが、たとえ一つの段階をスキップしても、あるいは各段階でしっかり成果を築かずに先を急ぎ過ぎると、間違いなく問題が発生する。

私は最近、ある大規模な製造企業の一つの事業部門の十二人の経営幹部に、その事業部門の変革の試みがどの段階にあると考えているかを尋ねた。彼らは、第一段階の八十%、第二段階の四十%、第三段階の七十%、第四段階の六十%、第五段階の四十%、第六段階の十%、第七・第八段階の五%が完了していると判定した。また彼らの変革は過去十八カ月間は問題なく進行したが、現在は進行が滞り、フラストレーションを感じていると語ってくれた。次に、彼らが何を問題だと考えているかを尋ねた。長い討論の過程で、彼らは何度も「本社」という言葉を口にした。C

EOを含めた本社の主要幹部は、変革を推進する連帯チームのメンバーとして彼らに十分な支援を与えていなかったために、この事業部門の十二人の経営幹部は第二段階ですべきことの四十％しか完了していないと判定したのである。本社経営陣による方針が定まらないので、十二人の事業部門の経営幹部は、第三段階で求められている詳細な戦略策定の作業には進めないと感じていた。また彼らは、彼らが従業員に伝えたビジョンも本社から発せられたメッセージによって台無しになったと感じていた。というのは、彼らの示した新しい方向は本社の考えと一致していないと従業員が解釈したからである。同様な理由で従業員に権限を与えてやる気を起こさせるという試みも従業員から歓迎されなかった（第五段階）。さらに明確なビジョンが存在していないことから、意義のある短期的な成果を目指すことも難しかった（第六段階）。第二段階の問題をきちんと整理しないまま、ともかく変革を進めることによって、しばらくの間は変革は前進しているという認識を持ったものの、確固とした地盤を築けなかったことによって、すべての変革努力は遂には潰えることになった。

通常の場合、関係者が結果をださなければならないというプレッシャーを感じるために、必要な段階をもスキップしてしまうのだ。また関係者は、その選択を進める論理的な根拠があると考えて、標準的な順序からかけ離れた順序を打ち立てることもある。しかし変革が危機意識の高まる第一段階に突入したあとには、どのような変革過程でも、常に数多くの段階が同時に迫ってくることを認めたとしても、図2−2に示した順序からはずれた順序で変革を進めると、まず成功は望めない。順序を違えると、望ましい流れが生まれず、変革は無理のない形では前進しない。むしろ意図的で、強制的で、機械的な流れになってしまう。こうなると、強力な無気力の源を根絶するために必要なはずみが生まれなくなってしまうのだ。

プロジェクト内の小規模プロジェクト

大規模な変革プロジェクトのほとんどは、より小規模な数々のプロジェクトを内包しているが、それぞれの小プロジェクトも多段階のプロセスを踏んで進行する。ということは、大規模な変革プロセスの中盤に差しかかった段階では、いつくかの小プロジェクトはすでに完了しており、その他のプロジェクトは始まったばかりの段階、といった状態が生じる。企業の競争力を大幅に向上させることを目的としたある大規模な変革には、六年の歳月が要求された。三年目には、この変革の第五、第六、第七段階に精力的に取り組んでいた。しかしある小規模なリエンジニアリングのプロジェクトでは、ほぼ第八段階の終わりの段階を迎えていた。一方、本社のスタッフ部門のリストラクチャリングはやっと開始されたばかりであり、第一、第二段階の活動が推進されていた。品質向上プログラムも進んではいたが、スケジュールから大幅に遅れていた。また変革の最終段階に予定されていた、いくつかの小規模プロジェクトはまだ開始されていなかった。最初の六カ月から十二カ月の間に、初期に期待された成果は明確に確認されたものの、大規模な成果はこの変革の最後の段階まで待たなければならなかった。

企業が危機状況に置かれているときには、大変革のうちの最初の変革プロジェクトこそ、難破船の救世主、または業績回復の救世主となることが多い。最初の六カ月から十二カ月にかけては、関係者全員が、キャッシュフローの改善や組織活性化のために強い決断に基づいた確固たるアクションを進める。そして変革における次のプロジェクトは、新しい戦略の推進やリエンジニアリングといったプロジェクトとなる。それに続いて、大規模な組織変革や企業文化の変容プロジェクトが進められる。これらの小規模プロジェクトのそれぞれにおいて、八つの変革段階の標準的な順序に沿って変革が進められ、さらにそれぞれの変革プロジェクトが大規模な変革の進展に貢献するのである。

ここでわれわれは、多くの段階を経過する数多くのプロジェクトを同時に進行させる必要があるため、そこでの具体的な活動は、複雑を極め、ダイナミックで、混乱を極め、かつ恐怖心を芽ばえさせるものとなる。すなわち、最初の段階で、単純で、単線的で、分析的なプロセスで大規模な変革を推進しようとする人たちでは、ほとんどの場合、この変革を成功させることはできない。ここで学ぶべき点は、分析が役に立たないということではない。周到な分析はたしかに重要であるけれども、単に、データを集め、解決可能案を見つけ、状況を分析し、最適案を選ぶという作業以上のことが要請されるという点を理解すべきなのである。

ここで問うべき質問は、知性あふれる人物がなぜ、単純で、単線的で、分析的なプロセスに頼り過ぎるのか、という点である。この問いに対する答は、この人物がプロセスをリードするのではなく、管理することだけを、過去に求められてきたからである。

マネジメントとリーダーシップの差

マネジメントとは、人材と技術を管理する複雑なシステムをつつがなく進行させるためのさまざまなプロセスである、と定義できる。このマネジメント行動に含まれる主要な要素には、プランニング、予算策定、組織設計、人材配置、コントロール（統制）、問題解決の活動が含まれる。これに対しリーダーシップとは、まず組織を誕生させる、あるいはその組織を激しく変化している環境に適応させていくさまざまなプロセスと定義できる。すなわちリーダーシップの発揮によって、まず組織の将来はどうあるべきかを明らかにし、そのビジョンに向けて人材を整列させ、さらに待ちかまえる障害をものともせず、必要な変革を実現する方向に人材を鼓舞するというプロセス、と定義できる（図2―3）。

この二つのプロセスに見られる差異が、変革推進の過程に決定的な影響を及ぼす。つまり図2―2と図2―3を注意深く吟味すると、成功を収める変革は、七十から九十％はリーダーシップによってもたらされ、残りの十から三十%がマネジメントによってもたらされるという事実が浮かび上がってくる。しかし今日存在する数多くの企業では、過去の経過から、リーダーシップは効果的には発揮されてこなかった。したがって、ほとんどの人たちが、変革に伴う問題は、いかに変革を管理するかという問題としてとらえてしまっている。

今世紀の大半の期間に、われわれは人類の歴史上ではじめて、きわめて多くの大規模な企業を生みだした。その結果、このような官僚型組織の機能をしっかり保持するために、すぐれた経営管理者の数が不足する状況に陥った。そこで数多くの企業や大学はマネジメント教育プログラムを開発し、さらにたくさんの人材は自分の職務上で経営管理の方法を身につけることが求められた。彼らは実際にマネジメントの学習に励んだのである。しかしそれらの人材は、リーダーシップという点については全く教育されてこなかった。マネジメントのほうがリーダーシップより教えやすいという理由から、マネジメントが強調されたという側面はあるだろう。とはいえ、マネジメント機能こそが重要であったために、二十世紀の教育プログラムではマネジメントが主要なテーマとして選ばれてきた。さらに、リーダーとしての役割を果たした全ての起業家やビジネスの創設者にとって、その成長を続ける企業組織をスムーズに運営するために、数多くの経営管理者が必要であったのである。

しかし今日に生きるわれわれにとってはきわめて不運なことに、このマネジメントを重視する傾向だけが企業文化に定着し、その結果として人材がいかにリーダーシップを発揮すべきかを学

図2-3　マネジメント機能とリーダーシップ機能の比較

マネジメント	リーダーシップ
計画立案と予算設定——予定された成果を達成するための詳しいステップと予定表を作り、それらの進行に必要な資源を割りつけていく	方向を設定する——将来に向けてのビジョンを作り（かなり遠い将来まで見越した）、これらのビジョンを達成するうえで必要な変革を実現していくための戦略を設定する
組織化と人材配置——計画からの要請を達成していくための組織構造を作る。さらに組織に適切な人材配置を行ない、計画遂行の責任と権限を割りつけていく。人材をガイドするためにポリシー、規則を作り、また実行過程をモニターする方法とシステムを作る	人材をある方向に向け整列させる。協力を求めるべき人材に対して、進むべき方向を言語と行動でコミュニケーションしていく。さらにビジョンと戦略をきちんと理解し、かつその妥当性を認めるチームと協力関係を作りあげていくことに努める
コントロールと問題解決——詳しく計画に対する実績をモニターする。計画からの逸脱を発見して、これらの問題を解決するための計画化、組織化をはかる	モティベーションと意欲昂揚——基本的ながら、満たされていない人間のニーズに応えることによって、変革の前に立ちふさがる大きな政治的、官僚主義的、資源上の障害を乗り越えていくよう人材を勇気づけていく
↓	↓
確実性と秩序を築きあげる。また、各種のステークホルダーの期待する主要な成果をいつの場合にも実現していく能力を示す（たとえば顧客に対して納期を守る、株主に対して予算内でビジネスを進めるといった例）	かなり大規模な変革を進める。またきわめて望ましい変化を生みだす（たとえば顧客の喜ぶ新製品を開発する。企業の競争力を高めることに役立つような新しい労使関係の方法を導入するといった例）

出典："A Force for Change: How leadership differs from management" J. P. Kotter著，Free Press 1990年刊

ぶ機会を奪ってきた。皮肉なことに、過去における成功こそが、このような状況を生む過程で、決定的な影響を及ぼす原因となった。私自身が随所で見聞してきたように、この病症は次のように進行する。企業の当初の成功によって、その企業は市場における優位性を確立する。その結果企業は成長する。しばらくすると、大規模に成長した企業をしっかりコントロールし続けることが大きな課題となる。人々の関心は社内に向きはじめ、経営管理能力の訓練が盛んに実施される。リーダーシップよりもマネジメントが強調されることから、官僚主義と社内のみに眼を向ける傾向が強まる。しかし市場の優位性が保たれていることから企業の成功は継続し、問題は表面化せず、不健全なごう慢さが頭をもたげてくる。このような傾向が重なって、変革の試みの実現がますます困難となったのでる（図2－4）。

ごう慢に陥った経営管理者は、自社の業績と競争力を過大評価し、他人の助言にも耳をかさず、必要な学習も進めない。また社内に眼を向ける従業員たちも、外部に現れている脅威や機会を生みだしている現実のさまざまな力を理解しない。官僚主義的な企業文化は、外界の変化に対応しようとする人材を押しつぶしがちである。さらにリーダーシップ発揮が欠けていることから、このような企業組織内部のいかなる人材も、企業を泥沼から救いだすことはできない。

変革を阻害する企業文化と、いかに変革を推進させるかについて訓練されてこなかった経営管理者がともに存在する状況には、致命的な結果が待っている。第一章で紹介した各種の過ちが避けがたいものとなる。また人々の現状満足の原因がきちんと課題として認識されない。これは、

図2-4 マネジメント過剰で、リーダーシップ不足の企業文化

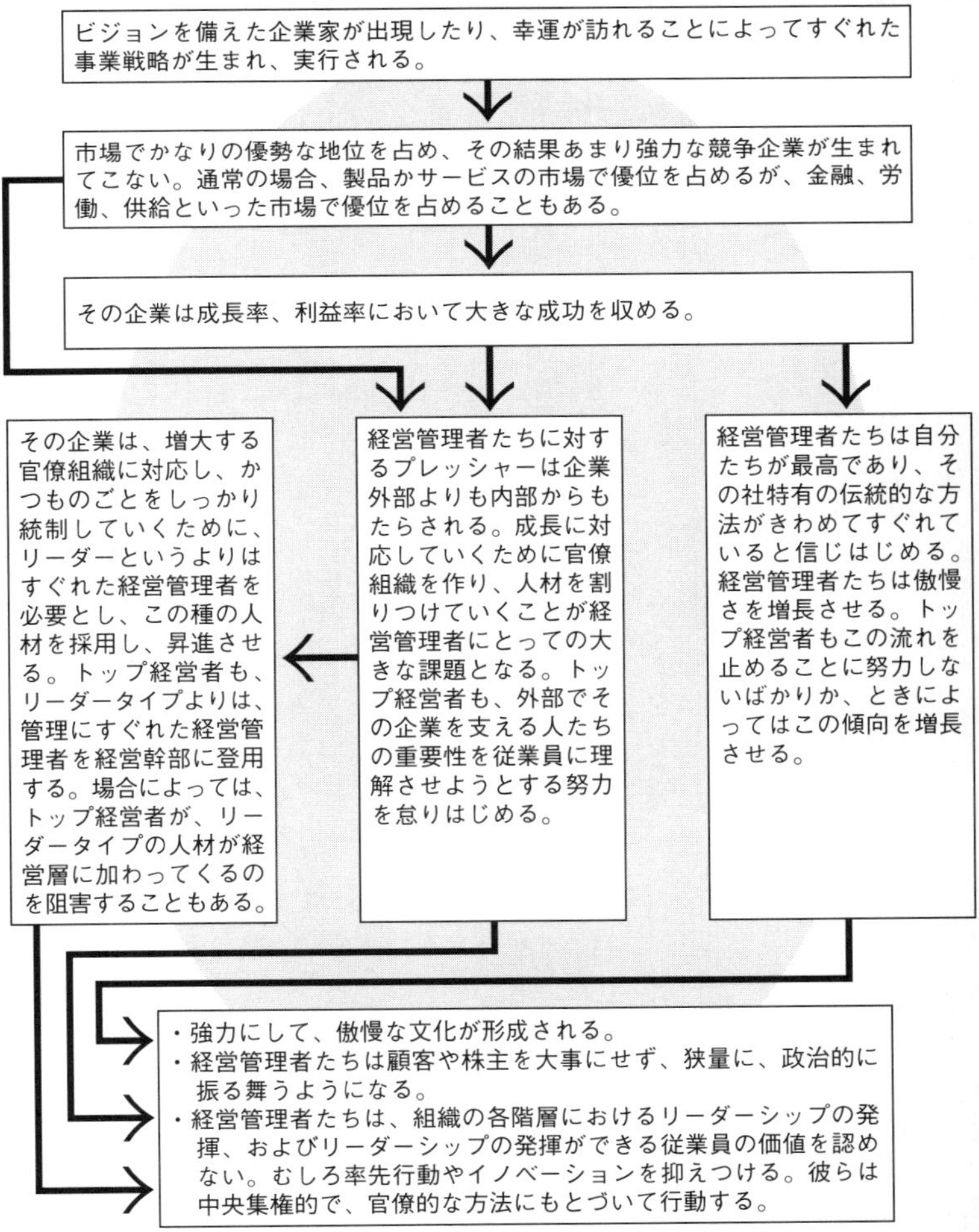
ビジョンを備えた企業家が出現したり、幸運が訪れることによってすぐれた事業戦略が生まれ、実行される。

市場でかなりの優勢な地位を占め、その結果あまり強力な競争企業が生まれてこない。通常の場合、製品かサービスの市場で優位を占めるが、金融、労働、供給といった市場で優位を占めることもある。

その企業は成長率、利益率において大きな成功を収める。

その企業は、増大する官僚組織に対応し、かつものごとをしっかり統制していくために、リーダーというよりはすぐれた経営管理者を必要とし、この種の人材を採用し、昇進させる。トップ経営者も、リーダータイプよりは、管理にすぐれた経営管理者を経営幹部に登用する。場合によっては、トップ経営者が、リーダータイプの人材が経営層に加わってくるのを阻害することもある。

経営管理者たちに対するプレッシャーは企業外部よりも内部からもたらされる。成長に対応していくために官僚組織を作り、人材を割りつけていくことが経営管理者にとっての大きな課題となる。トップ経営者も、外部でその企業を支える人たちの重要性を従業員に理解させようとする努力を怠りはじめる。

経営管理者たちは自分たちが最高であり、その社特有の伝統的な方法がきわめてすぐれていると信じはじめる。経営管理者たちは傲慢さを増長させる。トップ経営者もこの流れを止めることに努力しないばかりか、ときによってはこの傾向を増長させる。
・強力にして、傲慢な文化が形成される。
・経営管理者たちは顧客や株主を大事にせず、狭量に、政治的に振る舞うようになる。
・経営管理者たちは、組織の各階層におけるリーダーシップの発揮、およびリーダーシップの発揮ができる従業員の価値を認めない。むしろ率先行動やイノベーションを抑えつける。彼らは中央集権的で、官僚的な方法にもとづいて行動する。

出典："Corporate Culture and Performance" J. P. Kotter, James L. Heskett, Free Press 1992年刊

静かに時を刻むスイス時計のように、現在のシステムを維持することに全勢力を注ぐように指導されてきた人材にとって、危機意識を持つことは自分たちの課題とはならないからである。また、これまで階層組織とマネジメントの視点から思考することのみを訓練されてきた人材では、十分なリーダーシップの発揮を伴う、変革を推進する強力な連帯チームを形成できないし、これまで各種の計画や予算を管理することに終始してきた人材にはビジョンや戦略は生みだせない。また新たに目指す方向を多くの人々にコミュニケートすることに、十分な時間と労力を費やすことも期待できない。つまり、これまで直属の部下に直近の計画をぽんと手渡すことに終始してきた慣行のもとでは、多くの人々にコミュニケートすることが実行されなくとも少しも不思議ではない。このような組織構造、システム、管理者に対する訓練不足、言い換えると、ビジョンを実現するために貢献したいと願う部下のやる気を台無しにしてしまう管理者が生まれてくることは避けられない。これは、ほとんどの管理者が部下のエンパワーメント（部下の自主性を尊重してやる気を高める）のための方法を身につけていないからである。また、何年間にもわたる期間ではなくて、何時間、何日間、何週間という単位で計画を遂行し、思考するように習慣づけられた人材は、あまりにも早期に勝利宣言を出したがるものである。さらに文化という観点からではなく、フォーマルな組織運営の立場からものを考えることに慣らされた人材では、新しい方法をその企業の文化に定着させるのは不可能である。以上の事情から、高額な企業買収によっても期待されたシナジー（相乗効果）が生まれず、大規模なダウンサイジングの努力をしても予定したコスト削減が実現できず、大規模なリエンジニアリングのプロジェクトもあまりに時間がかかり過ぎて全く成果に結びつかず、また大胆に立案された新しい戦略も成果をあげ得ないのである。

歴史のある大企業で変革のプロセスを開始するのは難しい。そこにはリーダーシップが欠除し、逆にごう慢さ、狭量、官僚主義が根づいているからである。このような企業では、変革プログラムはマネジメント過剰で、リーダーシップが不足しているという状態に置かれていることが多く、後押しよりは後戻りの力が作用している。だれかがプランを作り、それを部下におろし、それが達成できるか否かは部下の責任とする。あるいは、だれかが意思決定を行ない、部下にそれに従うことを要求する。この種のやり方に伴う問題は、企業業績を向上させるために不可欠となる大規模な変革を推進していくための強力な推進力を発揮させるのがとても難しいという点である。変革を進める際には、人材の自己犠牲、献身、創造的活動が要求されるが、これらは強制によっては決して生まれない。

また、マネジメント過剰でかつリーダーシップ不足の状態で変革を進めようとする場合、変革に伴って必然的に生じる、面倒臭い要件をできるだけ軽減させようと努力する。たとえば八段階を三段階にまとめたり、七つのプロジェクトを二つに統合したりする。あるいは何百人、何千人の人材を参加させずに、小さなグループに変革をまかせる。しかし、このような方法では大きな成果は期待できない。

変革プロセスを管理することはもちろん大切である。有能なマネジメントなくしては企業変革はコントロール不能に陥る。しかしほとんどの企業にとっては、変革をリード（推進）していくことがさらに重要な課題である。すぐれたリーダーシップによってこそ、企業に存在する無気力、不活発の諸原因を除去していくことが可能となる。また企業内の行動を大きく変えることに必要とされる諸活動を活性化し得るのである。さらに、その企業の中核的な文化に変革を根づかせることによって、変革を定着させ得るのである。

以下の数章で述べるように、このリーダーシップの発揮は、まず一人か二人の人物によって始まる。しかしごく小規模な企業の場合を除いて、リーダーの数をしだいに増大させていくことが必要となる。変革を成功に導くのは、何千人かの人々を魅了して従順な信奉者に変えていく一人の英雄的な人物ではない。今日の企業はあまりに複雑になっているため、一人の巨人では変革は実現しない。数多くの人材がそのリーダーの取り組みに協力していく必要がある。それもウインストン・チャーチルやマーチン・ルサー・キングのような人物のやり方を真似するのではなく、各人の責任範囲内でリーダーの提示したスケジュールに適切な形で参加するという形の協力が要請されているのである。

これからの変革

企業に内在する変革に対する要請は、ビジネスを取り巻く環境がさらに安定に向かい、変化が沈静化するのであれば、あまり心配しなくてよいはずである。しかし実際に起こっている状況を見ると、その反対だ。つまり、環境変化のスピードはどんどん速まっており、企業に自社の変革、転換を促すプレッシャーは今後二十年間にさらに増大する。そうだとすれば、もっとも合理的な選択は、どんな方法が変革を成功に導くのかを学び、その学習をできるだけ多くの人材に伝えていく、ということになる。

過去二十年間に私が学んできたことからすると、企業変革について理解を高めてもらう際には二つの要件が重要である（これらについては、以下の章でさらに詳しく説明する）。第一は、八段階プロセスに含まれる、さまざまな段階に関連した要件である。つまりわれわれは、このプロセスで、何が成果をあげ、何が成果に結びつかないのか、諸段階はどのような順序を踏むのが自然なのか、どの段階で有能な人材が困難にぶつかるのか、といった点についてさらに学習を進めなければならない。第二の要件は、このプロセスに含まれる推進力に関連した課題、つまりリーダーシップそのものについての学習である。

ここでもし読者自身、あるいは企業の主だった人たちが、必要な変革を進めるために不可欠な知識はほぼ身につけていると考え、したがってこの本のこれからの章を読み続けることに時間を割くべきか否かをいぶかっておられる場合には、次の質問に答えることをお薦めしたい。つまり、読者の企業で過去十二カ月間に作成された、あらゆる文書を集めてみて、文書内に二つの言葉

（または内容）、すなわち「変革を管理（マネジ）する」と「変革を推進（リード）する」という言葉を探したときに、それらがどのような割合見つけられるかと思うか、という問いである。ここでは、メモ、会議記録、ニューズレター、年次報告、プロジェクトのリポート、さまざまな計画書のすべてを見直すことを仮定する。そして、文書の何割が「変革を管理する」に該当し、文書の何割が「変革を推進する」に該当するかを調べていただきたい。

もちろんこのような試みから導きだされた結果は、単なる言葉上の遊びにとどまるかもしれない。しかし実際には、読者の企業が変革をどのように認識しているのか、について正確に表明するものになるかもしれないのである。たとえば、読者の企業が、いかに迅速に製品とサービスの品質を向上させているか、生産性を向上させているか、経費を節減しているか、革新を進めているかを指し示す指標になるかもしれない。

第二部

八段階の変革プロセス

第三章

危機意識を生みだせ

三十歳を超えた人たちに、企業が大規模な変革を推進する際にぶつかる難しさを尋ねると、ほぼ全員から「とても、とても難しい」という答えが返ってくるに違いない。ところがそのほとんどの人たちは、その困難さを本当には理解していないのである。たしかにわれわれは適切な言葉を発しているのだが、心の奥深いところでは、変革に伴う途方もない困難には思い至っていない。とくに危機意識を生みだす作業の難しさには気付いていない。

たとえば目下苦境に陥り、再建に励んでいる企業でも、目下中位にある企業をリーダーの地位に高めようと努力している企業でも、あるいはリーダーの立場からさらに他社を大きく引き離す地位を築こうとしている企業でも、これらの努力には、多数の人材からの多大の貢献、自発的献身、自己犠牲もいとわない協力が不可欠である。百名規模の企業でも、大規模な変革を実現するためには、少なくとも二十名以上の人材が通常の職務責任を超えた貢献をしなければならない。さらに十万人規模の企業であれば、一万五千人を超える人材からの貢献が必要とされる。

危機意識を生みだすことが、人々から欠くことのできない貢献を引きだすうえで、もっとも重要な条件となる。企業に現状満足が蔓延しているときには、ほとんどの人材が変革の課題への取り組みに意欲を示さないために、その変革は全く推進されない。さらに危機意識が低い状態では、変革努力を導くための十分なパワーと信頼感によって連帯グループを形成することも、企業の経営幹部に変革のためのビジョンを生み、従業員にコミュニケートする時間を作るように説得することも難しい。たしかに、現状満足の狭間に、変革を目指すグループが存在するという稀なケースでは、そのグループが変革の目指す方向を定め、組織を再編成し、スタッフの人員を減らす、といったこともあるかもしれない。またこれらのメンバーが企業の経営陣である場合には、企業買収や、新しい給与システムの導入に成功するかもしれない。しかし残りの人材が同様な危機意識を感じていない状況では、変革グループのメンバーたちがいかに努力しても、どんなにほかの人たちにおどしをかけても、変革を進める勢いは、ゴールにほど遠いところで消え去ってしまう。残りの人々は、自分たちにとっては不必要であり、間違った方向に進んでいると固く信じている変革には協力したくないため、逃げ道を次から次に見付けだす。

現状満足の実例

ある世界的な製薬企業は、過去数年の間に、さばき切れないほどの数多くの問題を抱えていた。売上げも純利益のいずれも、期待するほどには向上していなかった。この企業は、多額なコストをかけた人員削減のあと、マスコミから厳しい批判を受けた。人員削減によって人材のモラール低下もまねいた。株価も六年前のレベルからほとんど上昇していない。製品に対する苦情も、八十年代半ばに比べると増加していたが、とくにある主要な顧客からの不満が高まっていた。機関投資家の一部は所有株を手ばなすと警告してきた。これが実行されると株価はさらに五から十%下落することが予測された。この企業は輝かしい歴史を誇り、過去には目覚しい成功を収めてきた。その結果、現在の状況はいっそうみじめなものに見えるのだ。

この企業が競合企業と厳しい闘いを続けていることから、われわれとしては、本社で次のような光景が繰り広げられているに違いないと想像する。つまり本社は、第二次世界大戦を描いた映画のシーンのように、指令室で将軍たちが二分置きに命令を発し、何千人もの兵士が二十四時間緊急体制下に置かれ、激しい攻撃を敵方に展開しているという光景である。しかし実際に本社を訪ねると、このような光景は全く見られない。戦争を指揮する指令室は存在しない。将軍たちは、野球でさえめまぐるしいスピードのスポーツと感じさせるほどのゆっくりしたスピードで指令を発しているにすぎない。ほとんどの従業員は、二十四時間どころか、八時間の緊急体制にもついているようには見えない。さらに敵の存在も意識しておらず、また競合企業がいまや自社の存亡を危くしている事情も理解していない。人材を駆り立てるべき使命（ミッション）に献身しようとする意欲も見られない。敵に対する攻撃も、おもちゃの武器を使って行なわれているかのようである。破壊的な武器による攻撃はむしろ社内に向けられている。つまり従業員は管理者に向けて、管理者は従業員に向けて、セールス部門は製造部門に向けて、絶え間なく、攻撃が繰り返されていたのである。

従業員の一人一人との対話においては、全ての人たちが、多くの問題が存在していると認めていた。とはいえ、つねに「しかし」という言い訳けが加わった。「製薬業界全体が同じような問題を抱えていますよ」、「われわれも改善を進めていますよ」、「問題はわが部にあるのではなく、あちらの部門にあるのですよ」、「頭の固い上司がいるので、私としては何もできないのですよ」といった言い訳けである。

この企業の経営者のミーティングに出席すると、この企業の売上げ、利益、株価、顧客からの苦情、競合企業、従業員のやる気に関してこれまで集めた情報が全く見当違いのものであったのではないかと、自らの眼を疑わざるを得ない。この種のミーティングでは、業績上の悪化を指す指数に話題が及ぶことは一切なかった。会議はいつもゆっくりしたペースで進められた。取り上げられる議題も当たり障りのないものばかりであり、出席者の熱意も感じられなかった。唯一激しいやり取りが交されるのは、だれかがほかからリソースを奪おうとするときか、ないしはだれかを特定して攻撃しようとするときであった。しかしもっとも驚くべきことは、ときに参加者の一人が、いかにものごとがうまく進んでいるかについて、まじめな顔で強調しはじめるときであった。

この企業に二日間も滞在すると、自分はきっと幻想の世界にまぎれ込んだに違いないと感じてもおかしくはない。

このように現状満足が満ちあふれている企業では、変革の試みはそのスタートの時点で挫折する。ある会議で、だれかが新製品の開発に時間が掛かり過ぎ、社業に支障をきたしていると指摘しても、二十分もしないうちに議論はほかの話題に移っており、開発時間を短縮するためのアクションは全く決定されない。またたれかが情報システムの改善のために新しいアプローチを提案しても、むしろ現在の情報システム部門とその旧式のシステムの賞讃のほうに話題が移ってしまう。たとえCEO（最高経営責任者）が変革のために新しいアイディアを提供した場合でも、そのアイディアは、現状満足のアリ地獄にいつの間にか吸い込まれてしまうことになる。

読者が自社ではこんなことは起こるはずはないと考えている場合には、私としては読者にもう一度自社の状況を見直して頂きたいと思う。先に紹介したような状況はどこにでも存在しているのである。たとえばある信用調査部門が危機状況に陥っていたとしても、その部門からは、小さな問題すら発生していないといった報告がなされて終わってしまう。フランス支社が業績回復に真剣に取り組まなければならない段階を迎えていても、支社の経営陣は現状にきわめて満足を感じているといったケースである。

私自身は、ＣＥＯとその経営チームの全員が、大規模な変革の必要性を感じていると述べたケースに何度も出合った。しかし多くの場合、経営チームのメンバーの半数が、実は現状はそれほど悪くないと考えていた。一人一人と話すと、全く異なった見解が表明された。「この不景気が通り過ぎれば、事態は好転しますよ」、「昨年はじめたコスト削減計画が軌道に乗れば、業績も改善されますよ」といった発言である。さらに「大きな問題はあちらの部門で発生しているのですよ。私たちの部門には問題はありません」という発言が必ずどこでも出てきた。

ここで質問。ではこの現状満足はどれほど大きな問題を発生させるのか。その答は、「きわめて大きな問題を発生させる」というものである。

現状満足を生む理由

まず第一の質問。ではどうして人々は現状に満足してしまうのか。その答え。それにはたくさんの理由が伴う。

二十五歳に達したＭＢＡ（経営学修士課程）の大学院生に、苦境に陥りながら、なお現状満足が満ちあふれた企業の例を紹介すると、大学院生たちは、この企業は、知能指数の平均が四十程度の経営者たちが経営しているに違いないと解説しはじめる。彼らの頭のなかで行なわれる分析では、この企業が本当に危機状態に追い込まれておりながら、なお危機意識が芽ばえていないとすれば、その経営陣は無能な輩の集団に違いない、という結論が導きだされる。ではこの状態をいかに打破するか。もちろん、無能な経営陣をくびにして、自分たち（ＭＢＡの学生たち）を採用せよ、という提案である。

経営陣の無能さと現状満足を直接的に結びつけるＭＢＡの学生の分析は、私自身の過去の経験とはうまく合致しない。というのは私自身は、高度な知性を備え、すぐれた目的に向けて経営を進める経営者たちの間に、意外なほどに危機意識が欠除しているケースに何度も巡り合ってきた。業績を急激に悪化させていたあるヨーロッパ企業の十二名の経営幹部によって進められた会議にオブザーバーとして出席し、あたかもハーバード大学で展開されるような知性あふれる議論に耳を傾けたケースを今でも鮮明に思いだすことができる。どうしてそのような知性あふれる議論が展開されたのか？　なぜなら、当日会議に出席していた人たちは、世界でも有数の大学から高い学位を受けていたからである。しかし残念なことに、議論の対象となった競合企業の犯した誤りの分析でも、さらに自社の戦略について進められた、かなり抽象的レベルで展開された議論でも、その企業の抱える重要な問題を直接的に取り上げた議論が全く行なわれなかった。当然のことながら、会議の終了に至るまで、何らかの成果に結びつく決定は下されなかった。というのは、本質的な課題を巡って議論を進めない限り、重要な決定は下せないからである。いまでも私は、当

図3-1　現状満足の生まれる原因

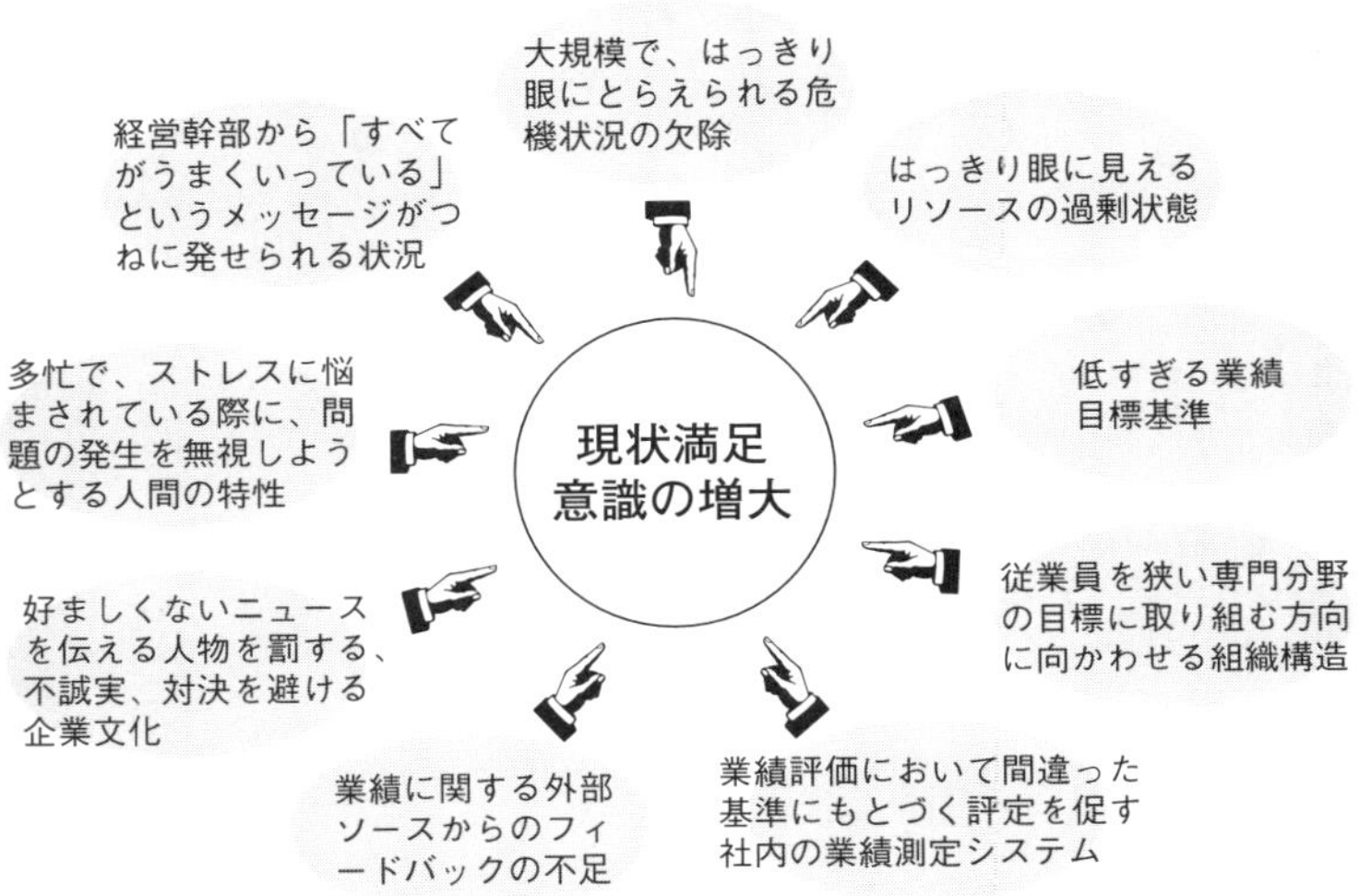
現状満足
意識の増大
大規模で、はっきり
眼にとらえられる危
機状況の欠除
はっきり眼に見える
リソースの過剰状態
低すぎる業績
目標基準
従業員を狭い専門分野
の目標に取り組む方向
に向かわせる組織構造
業績評価において間違った
基準にもとづく評定を促す
社内の業績測定システム
業績に関する外部
ソースからのフィ
ードバックの不足
好ましくないニュース
を伝える人物を罰する、
不誠実、対決を避ける
企業文化
多忙で、ストレスに悩
まされている際に、問
題の発生を無視しよう
とする人間の特性
経営幹部から「すべて
がうまくいっている」
というメッセージがつ
ねに発せられる状況

日あの会議に出席したどのメンバーも、会議の結果に決して満足していなかったに違いない、と考えている。メンバーたちが無能であったわけではない。しかし彼らは先のような会議の進行を自ら許してしまったのである。なぜなら、危機意識を〇点から百点までのスケールで採点すると、これらの経営幹部の危機意識の平均は、間違いなく五十点を下廻っていたからである。

このケースで現状満足を生んだ理由として、少なくとも九つの理由を挙げることができる（図3－1）。第一に、はっきり眼に見える危機状況が存在していなかった。企業が赤字をだしていたわけではない。従業員のレイオフが話題になっていたわけでもない。企業倒産の可能性が問題となっていたわけでもない。企業乗っ取りグループもこの企業にとくにアプローチしてきているわけでもない。新聞がこの企業について、攻撃的な見出しで、絶え間なく攻撃を仕掛けているわけでもない。もちろん客観的な視点から、この企業が継続的にマーケットシェアと利益を低下させていたことから、この企業は危機状況に陥っていると指摘することは可能である。しかしこれは別種の問題と考えるべきである。ここでの問題は、従業員全員が、竜巻に匹敵するような脅威を感じていなかった点である。彼らの危機意識の低い第一の理由はこの点にこそ求められたのである。

第二に、先に紹介した会議が、その企業の過去の成功を誇示するような、見事な会議室で持たれたという事実である。十メートルにも及ぶアンティークのマホガニー製のテーブルは、優にアウディの新車三台とビュイック一台の値段を合わせた額に匹敵した。壁紙、ウールのカーペット、その他の内装は美しいだけでなく、きわめて高価であった。本社全体、とくに経営陣の占めるオフィス・スペースは同様に豪華であった。大理石、高価な木材、深々としたカーペット、たくさんの油絵。ここで潜在意識に訴えるメッセージは明確であった。「わが社はリッチで、勝利を重ねてきた。われわれは適切な行動を続けている。だからあわてることはない。さあ昼食を楽しもうではないか」。

第三に、これらの経営管理者がその業績を評価する際に適用していた業績基準があまりに寛容であったという点である。この企業を歩き廻って、私がひとりの人物から「わが社の利益は昨年より十%上廻った」と聞かされたケースでは、同じ発言を十人の人物から繰り返し聞かされることになった。しかしここでみんなが私に決して指摘しなかった点は、今年の利益は五年前と比べて三十%もダウンしている事実、さらに産業全体の利益は過去十二カ月で二十%近く伸びたという事実であった。

第四に、組織構造、あるいは組織運営の仕組みが、人材の関心を、企業全体のビジネス業績よりは、それぞれの人材の狭い専門分野の目標に向けさせていたという点である。マーケティング部門は自分たちだけに通用する業績基準、製造部門はさらに別の業績基準、人事部門もさらに別の業績基準を設けていた。結局CEOだけが、全社の売上げ、純利益、ROE(対純資産利益率)に責任を持っていたことになる。そこで企業全体の業績を測る基本的基準に悪化の傾向が認められたとしても、だれも責任を感じなかったのである。

第五に、すべての人材が自分の専門分野の目標が簡単に達成できるように、社内のプランニングとコントロールのシステムが操作され、業績基準が低く抑えられていた、という点である。この企業のマーケティング部門に属する人材は私に、「マーケティング部門は昨年、目標の九四%は達成しましたよ」と告げた。しかし、この部門での典型的な目標は「六月十五日までに新しい広告キャンペーンを完了する」というものであった。ここでは、企業の製品ごとにマーケットシェアを高めるという目標は適切な目標とは考えられていなかった。

第六に、人材が自分の業績についてのフィードバックを受ける際に、まず例外なく、先に紹介した欠陥含みの社内のシステムからフィードバックを受けていた点である。この企業の社外のステークホルダー（株主をはじめとする企業に利害関係を持つ人たち）からの情報はほとんど社内の人材に届いていなかった。平均的な管理者、または従業員は、一カ月間にわたり、不満を持っている顧客、怒りを感じている株主、不満を感じている供給企業とは一度たりとも接触せずに過ごすことができた。入社から退職まで、不満を感じているステークホルダーとは一度も直接に接触することなく、キャリアを全うした者さえいたほどだ。

第七に、冒険心に富んだ若手の従業員が外部からのフィードバックを得ようとすれば、あたかも病原菌のように扱われた。この企業の文化では、この若者の行動は、ほかの人材を傷つける、モラールを下げる、無駄な議論（実は意義のある議論なのであるが）を呼ぶ、といった理由から、望ましくない行動と見なされたのである。

第八に、現状満足は、われわれが聞きたくないことは拒絶するという特性によっても益々強くなる。問題がなければ人生は楽しく、問題があると人生は辛いものになる。またわれわれはいつも、抱え切れないほど問題に取り組んでいてとても忙しいと感じている。さらにこれに加えてたくさんの問題を抱えることはご免なのである。そこで何らかの大きな問題が発生してきても、その問題の発生を聞かなければ問題に取り組まなくてもよいと考え、意図的に情報を無視するのである。

第九に、現状満足を生む理由の一番から八番までにほとんど影響を受けておらず、むしろ企業の将来を心配している人材ですら、経営幹部の「すべてうまくいっている」という甘い言葉にまどわされて、安心してしまうことが多い。経営幹部は言う。「たしかにいろいろ問題はあるさ。でもわれわれがこれまでに成し遂げてきたことを見たまえ」と。一九六〇年代を生きてきた人たちは、この典型的な例を思いだすはずである。「アメリカ合衆国はベトナム戦争で勝利している」と多くのマスコミが絶え間なく報道した例である。この「何ごともうまくいっている」という甘言はときには作り話であることもあり得る。しかしこの種の発言は、過去の成功を誇示する、自信過剰の文化から生まれた産物であることのほうが多い。

ここでの問題のほとんどは、過去の成功の歴史の影響を受けて発生したものである。たとえば企業全体、ある部門、ある個人の過去の成功の反映である。過去の成功から、あまりに豊富なリソースが入手可能となり、その結果人材の危機意識は低下し、人材の眼が社内にのみ向くという結果をまねいている。これは個人にとってはエゴ（自我）の問題であり、企業にとっては文化の問題である。個人の自信過剰、あるいは企業のごう慢な文化は、これまで紹介した九つの現状満足を生む理由を補強するだけでなく、大きな問題に直面しており、かつ高度な知性と判断力を備えた人材によって経営されている組織においてさえ、人材が厳しい危機意識を抱く際の妨げとなる。

われわれは、ほかの人たちが、自分たちと同じように意思が強く、敏感であれば、現状満足は決して大きな問題とはならないと考えがちである。また、われわれ人間は、ほとんどの場合、かなりすぐれた判断力を備えているのだから、ここでなすべきことは、人々に製品品質の低下、業績の悪化、生産性の伸びの停滞といった事実を伝えさえすれば十分であると考えがちである。この二つのケースはともに、いずれの組織にも潜在する、巧妙で企業全体に浸透している勢力の発揮するパワーが過小評価されているのだ。大規模な変革を進めようとする際には、次のような原則を覚えておいたほうがよい。すなわち、「現状満足を増強し、かつ現状を維持しようとする諸力からの影響を決して過小評価するな」。

人材の危機意識を高める

危機意識を高める場合には、現状満足の原因を除去するか、その影響を最小に抑えればよい。たとえば、企業丸抱えのパイロットといったぜい沢さの象徴を廃止する、フォーマルな計画プロセスのみならず、日常の業務運営においても高い業績基準を設定する、方向違いの業績基準（指数）を評価対象に選んでいる社内の業績評価システムを改善する、従業員の業績に対して、社外からのフィードバックを大幅に増加させる、ミーティングで真の問題について議論する人材、さらに問題に積極的に取り組む人材を評価し、褒賞する、経営幹部による、根拠のない「すべてうまくいっている」という甘言をやめる、といった方策である。

改革を必要としている企業があったと仮定してみよう。有能な経営管理者であれば、先に紹介した方策のうち、いくつかの方策を実行に移すはずである。しかし多くの場合、それらのアクションがあまりに不十分である、と言わざるを得ない。たとえば、顧客の代表を年一回、経営会議に招待することはあっても、全ての従業員がその日常業務において、顧客の苦情に耳を傾ける仕組みを導入するには至らない。年に一度の経営会議があまり豪華でない会場で開催されたとしても、これらの経営幹部は、ルイ十四世すらうらやむほどの豪華なオフィスへ戻っていく。経営幹部の委員会でたとえ本質的な問題についてかなり腹を割った議論が一度か二度行なわれたとしても、社内報には「すべてうまくいっている」という楽観的な記事しか掲載が認められない。

従業員に強い危機意識を生むためには、大胆で、ときには危険を含むアクションが要求される（このようなアクションはすぐれたリーダーシップの元で実行されることになるが）。もっとおだやかなアクション、たとえば年一回の経営会議に顧客代表を招くといったアクションは、現状満足を補強する圧倒的に強力な勢力によって押しつぶされてしまうことが多い。ここで大胆という意味は、バランスシートを大胆に整理する、ある四半期に大きな赤字を計上する、といったアクションである。あるいは本社ビルを売却して、もっと職場の指令室にふさわしいビルに本社を移転する、といったアクションである。さらには、すべてのビジネス部門に対し、今後二十四カ月以内に、それぞれのマーケットで一番か、二番の地位を確立できなければ、企業が破滅的状況、ないしは倒産に追い込まれるという事実を宣告する行為である。あるいは、企業全体に厳しい品質の目標を設定し、トップ十人の経営幹部の報酬の五十%はその目標達成の度合によって決定する、さらには、コンサルタントを雇ってデータを収集したあと、各種ミーティングで腹を割った議論を進める、といった手段である(このアクションによって一部の人たちが傷つくことが判っていてもあえて実行すべきである)。人材の危機意識を高めるための九つの基本的な手段を図3―2に要約する。

実際のビジネスでは、このような大胆なアクションが実行されることは少ない。それは、マネジメント過剰で、リーダーシップが不足する環境で生きながらえてきた人材は、このような大胆なアクションは決して有意義ではないと教育されてきたからである。またこれらの経営幹部がその企業で長い間働いてきた場合には、自分たちが浮きぼりにした問題は過去に自らが生みだしたのだ、とほかの人たちから攻撃されることを極度に怖れる。この意味で、数多くの変革の試みが、新しい人物が経営の中枢に任命されたときに始まる場合が多いのも単なる偶然とは言えない。つまり、新しく任命された人物は、自分の過去のアクションを防衛する必要がないからである。

何ごともしっかりしたコントロールのもとで管理する、ということが中心的価値観として維持されてきた、マネジメント機能を重視する文化(環境)のもとで育ってきた人たちには、人材の危機意識を高めるためのアクションを取ることはきわめて難しい課題である。現状満足を減ずるための大胆なアクションは、組織内に対立を生み、人材に不安感を生じやすい(とくに初期の段階においては)。しかし真のリーダーの場合には、解き放たれたさまざまな力を、重要な目的を

図3-2 危機意識を高めるために有効な方法

1 業績上で赤字をだす、マネジャーたちに競合企業に比較して自社の示す弱点を明示する、最終段階で間違いを是正するのではなく途中でその間違いを明示する、といった手段を通じて危機状況を生みだす。

2 ぜい沢の象徴（たとえば会社所有のカントリークラブ施設、企業所有のジェット機とパイロット、豪華な役員食堂）をなくす。

3 ビジネスを通常通りに進めていたのではとても達成不可能な売上、利益、生産性、顧客満足、生産期間の目標を設定する。

4 各部門の業績を狭い専門分野内の目標のみにもとづいて設定することをやめる。もっと数多くの人材が、より広範な企業全体の業績の向上に責任を持つべきであることを明確に要求する。

5 さらに数多くの人材に、顧客満足や企業業績に関するデータ、とくに競合企業に比較して自社の持つ弱点に関する情報をふんだんに提供する。

6 人材に対し不満を抱く顧客、満足をしていない供給企業、怒りをあらわにしている株主に、もっとたびたび接触することを求める。

7 経営会議において、より正確なデータを提供し、率直な議論を促すために、外部コンサルタントやその他の方法を活用する。

8 社内報や、経営幹部によるスピーチに、企業の抱える諸問題をもっと率直に表明していく。経営幹部による「すべてがうまくいっている」という発言をやめる。

9 将来に待ちかまえている絶好の機会、その機会を実現することから生まれるすばらしい利益、さらにこれらの機会を追求していくうえで自社の抱える現在の問題点（または能力の欠除）についての情報を開示して、人材の自覚を促す。

実現する方向に結集しできると確信しているために、大胆なアクションを推進できる。しかし三十年、四十年にわたり、注意深い経営管理者であることに高い評価が与えられてきた人物にとっては、人材の危機意識を高めるために実行されるさまざまな活動は、危険が多過ぎる、あるいは馬鹿げていると映るのである。

トップ経営陣が注意深い経営管理者だけで構成されているケースでは、だれも人材の危機意識を十分に高めるために立ち上がることはない。したがって大規模な変革が成功を収めることもあり得ない。このようなケースでは、取締役会が責任を持って、すぐれたリーダーを見つけ、そのリーダーを経営の主要ポジションに任命すべきであろう。取締役会がこの責任を回避する場合には（ときに回避することがあるが）、取締役会のもっとも重要な責務を果たしていないことになる。

危機状況が果たす役割

眼に見える危機の存在は、人材の関心を高め、危機意識を高めることに大いに役立つ。ビルに火災が発生したときに、ビジネスを現状通り維持することは大変難かしいことでも明らかである。しかし危機意識を高めるために、絶え間なく変化を続ける環境下で火災の発生を待つという戦略はきわめて稚拙な作戦と言わざるを得ない。たしかに人々の関心は集められても、突然の火災はビジネスに多大の損害を与えるからである。

また経済環境における危機というものは、誰の目にも明らかなものであるため、企業における大規模な変革は、その企業が抱える問題が企業業績に多大の赤字を生むほどに深刻になるまで、実行は不可能だと主張する人たちも多い。この主張は、大規模かつ困難な変革がどうしても必要とされているようなケースには当てはまるかもしれないが、変革を必要とするその他の多くのケースには全く該当しないと私は判断している。

私自身、その企業が最高の利益を上げているうちに、リストラクチャリングや品質向上といった試みを成功に導いたケースを見聞している。これらの企業では、従業員に対して、現存する諸問題に関わる情報（たとえば利益は向上したがマーケットシェアを低下させた）、将来に発生してくる問題に関する情報（たとえば新たに参入してきた競合企業がさらに積極的な攻勢をかけている徴候が見える）、さらに将来に生まれてくる機会についての情報（たとえば新技術や新しい市場の出現）を絶え間なく伝えて、変革を推進している。また現状を打破するようなきわめて大胆な目標を設定することによって変革を実現している。さらに、ぜい沢の象徴、経営幹部による現状を賞讃するスピーチ、間違った情報を生みだす情報システム等々を廃止することによって変革を進めている。たしかに業績のよい期間に人々の関心を集めることは容易ではないが、決して不可能ではない。

日本のある偉大な起業家は、きわめて業績の良好な状況下で、法外とも思える五年計画のゴールを設定することによって、その経営陣に現状満足の気持が生まれることを防いできた。人々が自分たちの成し遂げた数々の業績を自慢しはじめると、彼は、「今後五年間でわが社の売上げを倍増させる目標を立てるべきだ」と宣言した。彼に対する人々の信頼が高かったことから、この社の人材は彼の宣言を無視するわけにはいかなかった。彼がかつて根拠なしに目標を生みだしたことはなく、人材がやる気をだしてくれたらどれだけ大胆な目標が達成できるかをしっかり考えたうえで目標を設定していたので、人々は彼のアイディアに対してつねに納得せざるを得なかった。さらに彼は、自分の発表した目標を守るために、社の経営陣が重視していた基本的価値観に彼の目標をしっかり関連づけた。その結果、彼の発表した五年計画は、現状満足の巣のなかで適当なときに爆発を繰り返す、小さな爆弾の役割を果たし続けることとなった。

まぎれもないリーダーは、本物の危機を待つのではなく、先のように意図的に危機状況を生むことが多い。たとえばハリーのケースでは、彼がこれまで取ってきた方法、つまり彼の管理者が提出した計画について議論する方法を止めて、彼自身でも達成困難と考えられるような、高い売上げとコスト削減目標を設定することを決意した。その結果、利益が三十%も向上する成果をあげ、周囲の人々の関心を集めた。このケースと同様に、ヘレンの場合は、ある重要な新製品の導入に当たり、彼女自身でも非現実的であると判断した計画を承認し、自分の面目が丸つぶれになる事態もあえて受け入れた。気の弱い人物では決して実行できないアクションであった。しかしその結果、以前から続けられてきた慣行的な業務のやり方はとり止めになった。

人々の目を覚そうとして、わざと巨大な赤字を生んで人為的な危機意識をあおることもある。ある有名企業のＣＥＯは、バランスシートを整理することによって、数々の新しい試みのために資金を生みだし、その過程で十億ドルに及ぶ赤字を生みだした。しかしこれはきわめて例外的なケースと言える。というのは、このＣＥＯは企業と長期的な契約を結んでおり、かつこの企業には潤沢な資金が備わっていたのである。

大規模な財政的危機に伴う問題は（それが自然発生的なものであれ、人為的に作られたものであれ）、その企業の貴重な資源を消費してしまうような結果となりやすく、その結果、操作のための選択肢が狭められてしまうという点である。たしかに十億、二十億ドルの赤字を出せば人々の関心を高めることはできる。しかし同時に、新しい変革を推進する資金も不足することとなる。たしかに自然発生的な財政赤字が生じたときには組織変革を開始しやすくするものの、財政赤字の発生を待つというのはすぐれた方策とは言いがたい。むしろ人為的に問題を生みだしたほうが得策であろう。あるいは、可能であれば、破壊的な赤字を生まないで、人々に機会の到来、または現況が危機に類する状況に向かっていることを自覚させる方向に導くほうが好ましい。

中間管理者と第一線管理者の役割

目指す変革が、工場、セールスオフィス、あるいは大企業の第一線の職場で進められるケースでは、その職場を運営する中間管理者、または第一線管理者が推進の主役を担うべきである。各職場で、現状満足を減少させ、危機意識を高めることが求められる。また職場内に、変革を推進する連帯を生みだし、変革の道しるべとなるビジョンを打ち立て、全員にそのビジョンを知らしめることが必要となる。彼らに十分な権限が与えられている場合には、企業のほかの部門でどんなことが起こっていても、自部門で変革を進めることが可能となる（もちろん十分な権限が与えられていれば、の話しであるが）。

現状満足が満ちあふれている企業で（今日このような企業は数多いが）、十分な権限が与えられていない職場では、変革の試みはまず最初の段階で挫折しがちである。組織の低いレベルにある変革推進者がいかなる行動を取ろうとも、遅かれ早かれ、無気力を助長する大きな力がその変革を妨害しはじめる。このような状況であえて変革を進めることは大きな間違いと言わざるを得ない。人々がこの事実に気付くと、彼らに残された選択はただ一つ、「経営トップが強力なリーダーシップを発揮して変革に取り組んでくれるのを座して待とう」ということになる。そして必要とされる行動を停止してしまう。その間に、彼らをあれほど悩ませた、無気力を助長した勢力をさらに勢いづかせてしまう。

経営幹部たちは十分なパワーを備えていることから、彼らが組織の無気力を生む力を弱める際に主要な役割を果たすことは当然である。しかしつねにそうであるわけではない。ときによっては、組織内の中間層または第一線に属する勇敢で有能な人物が、変革を推進する環境を生みだす際に大きな力を発揮することもある。

私がもっとも感銘を受けたケースは、ある大規模な旅行サービス企業のある中間管理者の例である。彼女はつねに経営陣に対し、その企業が次第に競争力を失ないつつあるというデータを提示して、ひとりで敢然とトップに危機を訴えていた。彼女はそこで自分の特別な任務、つまりある商品を新しい販売網で販売するという任務を活用して、コンサルタントを雇う口実を生みだした。このコンサルタントは彼女からの支援を得て、この企業が六つほどの基本的な問題に取り組まない限り、新しい販売網を効果的に活用していくことはできないと提言した。彼女の同僚たちは、この提案を読んだときに怖れを感じてその問題に対する取り組みをちゅうちょしたが、彼女はあくまで自分の考えを推し進めた。彼女がすぐれた政治的手腕を備えていたことから、このコンサルタントに向けられた人々の拒絶、怒りから生じた批判の数々を上手に処理した。彼女は次のような発言を次々に繰り出すという、驚くべき才能を示した。つまり「私自身もびっくりしたわ。コンサルタントが間違ったのかしら。それとも本当に問題が存在しているのかしら」、「この報告書をみんなに配ったなんて、とても信じられない。私たちはそんなことを承認しなかったのに」、「あなたはこれを信じる？　ゲリーとアリスは信じていたわ。ここであなた方三人もこの問題について話し合ってみたら？」。

経営幹部の全員が現状維持にきゅうきゅうとした用心深いマネジャーで占められている場合には、企業の第一線レベルの勇敢な革新の試みはまず成功しない。そうはいっても、私自身これまで、経営陣の全員が変革に反対している企業の例には出くわしたことはない。最悪のケースでも、経営陣の二十から三十％は、その企業が潜在能力一杯までの業績をあげていない、何らかの手を打ちたい、しかしそれが妨害されていると感じている。このようなときに、中間管理層による変革の試みが開始されれば、自覚の高いこれらの経営幹部にとっても、自分がチームの和を乱す人物、あるいは煽動家と見なされることなく、社内に蔓延する現状満足に挑むチャンスが訪れる。

ところで変革を必要としている企業で、中間管理者が人々の危機意識を高める方策を見つけられずに苦闘しているのに、経営幹部のほうは必要とされる変革推進のためのリーダーシップを発揮してくれていない状況では、このような中間管理者のキャリアにとっての最善の選択は、さっさとこの企業を退社し、他社へ移ることであろう。今日の経済環境にあっては、人々は、その企業に将来が期待できない場合でも、現在の職にしがみつく傾向が強い。彼らは、ダウンサイジングの嵐が吹き荒れるなか、給与と健康保険手当を受け取れるだけでも恵まれていると、自分自身を納得させざるを得ない。したがってこの態度にも理解を示すべきである。しかし二十一世紀の世界では、われわれは一生のキャリアを通して学習と成長を続けることが要求される。このような状況下で、現状満足が満ちあふれている企業に存在する数多くの問題のうちの一つが、その企業の硬直性と保守主義が人材の学習の継続を難しくしているという点である。

タイムカードを押し、毎月月給をもらい、学習も進めず、かつ危機意識も低いままに放っておくことは、あまりに狭量で、近視眼的な戦略と言わざるを得ない。このような戦略にたよっていては、企業もその従業員も、長期的な成功にたどりつくことは全く期待できない。

どれだけ危機意識があれば十分なのか

その変革をどのように始めても、だれが始めても、ほとんどの管理者が、現状はとても受け入れがたいと真剣に危機を受けとめていないかぎり、この大規模な変革プロセスに含まれる第二から第四段階において成果をあげることは難しい。さらに第七と第八段階で変革の試みを活性化していくためにはさらに献身的な努力が要求される。従業員の五十％以上、管理者の七五％、さらにトップ経営陣の全員が、大規模な変革が絶対に必要なのだと認識することが要請される。

初期の活動は危機意識の低い状況下でも開始可能であり、さらに現状満足に挑むことにより人々に不安感を生む事情から、企業としては、第一段階をスキップして、もっと後の段階から変革のプロセスを開始したいと考えがちである。私自身も、変革を推進する連帯を生みだす段階から、あるいは変革のためのビジョンを策定する段階から、あるいはまた最初から具体的な変革行動（たとえば組織再編成、従業員のレイオフ、企業買収といった行動）を進めることによって、変革プロセスをスタートさせたケースを見てきた。しかし無気力や現状満足に伴う問題がまたたく間に、それらのアクションの行く手に障害としてたちはだかることになる。ある時は、危機意識が十分に高まっていないために、変革を導く強力なリーダーシップを果たすチームをしっかり組織しないうちに問題が制御不可能なレベルに達してしまう。またある時は、企業買収によって企業の成長が刺激されたことにより、さまざまな変革の試みが実は停滞しているということが明らかになり、結果的に、時間を空費してしまうという事態になることもある。

また、現状満足を減らす努力をしたあとに大規模の変革プロセスを開始した場合でも、実はもっとたくさんの作業が必要とされているにもかかわらず、その段階の作業は完了したと自らを納得させてしまうケースもでてくる。私自身、きわめて有能な人材がこの落し穴にはまってしまったケースを見てきた。彼らは同僚の経営幹部と話し合うが、同僚たちも彼らの結論を支持するだけに終わる。たとえば、「われわれは変革の推進に向けての準備が整った。われわれ全員が、現状は変革を必要としているということを十分に認識している。もう現状満足の意識は十分に払拭された。そうだろう、フィル。そうだろう、キャロル？」と同僚に同意を求める。そしてぜい弱な基盤にとかかわらず変革を進め、あとになって後悔することになる。

ここでは、外部の人たちの意見に耳を傾けることが有効だ。よく事情を理解している顧客、供給企業、株主等に、彼らがどう考えているかを尋ねてみよう。危機意識は十分に高まっているか、現状満足の意識は十分に払拭されているかを尋ねてみよう。あなた自身と同じような利害を持つ同僚にだけ問いかけることは避けよう。またこれらの質問を、外部の数人の友人に問いかける愚は避けよう。あなたの企業をよく理解している人たち、あるいはその企業に対しむしろ批判的な意見を持っている人たちにも語りかけよう。そしてもっとも重要な点として、これらの発言に注意深く耳を傾ける勇気を持とう。

以上を実行すると、人によっては信頼に値する判断を下すために十分な情報を持っていないことが判り、またほかの人たちはさらに分析する価値のある貴重な意見を持っていることに気付くはずである。十分な数の人たちの意見に耳を傾ければ、真贋を見分けることが可能になるだろう。ここで重要な点は、社内の人材の抱く近視眼的な見方を外部からの客観的データによって検証してみることである。変化の激しい現代にあっては、社内の近視眼的な考え方が致命的な結果をまねくことがある。

第四章

変革を進めるための連帯

大規模な企業変革は、一人の偉大な人物の業績と考えられることが多い。たとえば一九八〇年代に、ほとんど破産状態から立ち直ったクライスラー社を見るとき、リー・アイアコッカの姿を思い浮かべる。またウォルマートが小さな稚魚から業界のリーダー格に成長したケースを語るとき、サム・ウォルトンを思いだす。IBMの企業再建の努力を理解するときには、ルー・ガースナーに話題が集中する。このような話しを総合すると、どのような変革にも不可欠なこの種のリーダーシップは、一人の偉大な人物によってのみもたらされると結論しがちである。

しかしこのような結論はきわめて危険な考え方である。

たしかに大規模な変革を成功に導くことは大変に困難なことであり、そのプロセスを推進するためには強力なパワーが必要とされる。しかし、一人の人物には、たとえそれが専制君主のようなCEOといえども、すぐれたビジョンを生み、そのビジョンを多くの人々に伝え、すべての大規模な障害を取り除き、短期的な成果を生み、数々の変革プロジェクトをリードし、かつ管理して、新しい方法を企業文化に深く定着させることはまず不可能である。ぜい弱なコミティー(委員会)はさらに非力である。ここでは、変革を推進する強力な連帯チームの存在が不可欠となる。つまり、適切な人材で構成され、十分な信頼を備え、全員によって目標が共有される連帯チームである。このようなチームを築くことは、リストラクチャー、リエンジニアリング、さまざまな戦略の転換といった試みの初期の段階で不可欠の要件となる。

孤立無援のCEO

ここで紹介する食品会社は、一九七五年から九〇年にかけて、きわめて卓越した業績を上げ続けた。しかし産業全体が変化し、この企業の業績も停滞しはじめた。

この企業のCEOであったヘンリーは、きわめて優秀な人材であったが、二十%がリーダー、四十%がマネジャー、残りの四十%が財務の天才として、抜け目のない企業買収と厳しい経営管理を実行して、企業を大きな成功に導いてきた。一九八〇年代後半にビジネス環境が変化しはじめると、新しい状況に対応するために、その企業を変革することに取り組んだ。その際、彼が過去十五年間使い続けてきた同じ管理スタイル、すなわち幾人かの助言者にかこまれた専制君主のスタイルをそのまま持ち込んだ。

このヘンリー王はその下に経営委員会を設けていたが、この委員会は意思決定機関とは呼べず、単なる情報収集と交換の場であった。本格的な決定はつねに委員会の外で行なわれた。多くの場合、ヘンリーがまず問題について自分のオフィスで思考を進める。そのあとシャーロットに彼の考えを示して、彼女からの意見を求める。フランクと昼食をともにしていくつか質問をすることもある。さらにアリとゴルフをして、自分のアイディアに対するアリの反応をたしかめる。そのうえでこのCEOは自らで意思決定を下す。そして、その決定の如何によって、経営委員会で公に彼の決定を発表するともあるし、もしその決定に十分な配慮が必要な場合には、メンバー一人一人を彼のオフィスに呼んでその決定を告げることもある。それを聞いたメンバーたちは、必要に応じて他の人たちに情報を伝えた。

この方法は一九七五年から九〇年にかけては見事に機能したが、それには四つの理由が考えられる。つまり、㈠ヘンリーの取り組んでいた市場の変化はあまり速くなかった、㈡彼は食品産業をよく理解していた、㈢彼の企業が強力な地盤を築いていたので、決定が遅れても、多少間違った決定を下しても、あまり問題にならなかった、そして㈣ヘンリーが有能な士であったから、といった理由であった。

ここで業界が急激に変化を遂げはじめた。彼が退陣した一九九四年までの四年間に、ヘンリーは、これまで長い間彼の成功を支えてきたのと同じ方法を使って、企業変革を推進しようとした。しかし、そこで下される意思決定の回数も内容も以前とは全く違ったものとなったために、彼の取った方法は機能しなかった。

一九九〇年以前には、さまざまな問題は、小規模で、あまり複雑ではなく、心を痛める必要もなかったし、頻繁に発生するものでもなかった。有能な人材であれば、個々人との議論を進めることによって、すぐれた意思決定を進め、それを実行することができた。しかし業界における変化が顕著になり、社内に大規模な変革が要請されるようになると、発生してくる問題は、急に大規模なものとなり、しかもたびたび発生することになった。このような状況下では、ヘンリーがいかに有能であっても、一人の人材では、意思決定が絶え間なく要求されるプロセスをこなすことが不可能となった。決定を下し、それを伝えていくことに時間がかかり過ぎた。それぞれの問題をしっかり理解できないうちに決定を下さざるを得なかった。その結果、ほかの従業員たちは、なぜ自己犠牲を払わなければならないのかを判らないままに、自己犠牲を強いられた。

その二年後、客観的に見ても、ヘンリーの取った方法が成果をあげていないという事実がはっきりした。しかしヘンリーは自分の行動を変えようとせず、ますます孤立を深めながら、なお変革を進めようとあがき続けた。あまり意味のない企業買収を進め、そのあと無情なレイオフを実施したあと、彼は不本意ながら退陣に追い込まれた（取締役会からも彼の退陣に強い圧力が加えられたと聞いている）。

不毛の変革に取り組む

私自身、この種の不毛の変革の試みのケースを少なくとも二十件以上見てきた。このようなケースでの変革の旗手は、人事部門の経営幹部、品質管理に責任を持つ経営幹部、戦略企画部門の長であった。社内のだれかがトップを説得して、これらの人材を変革を推進するためのタスクフォースの長に任命させることに成功したのである。この種のタスクフォースは通常、いくつかの部門からの人材、さらに外部のコンサルタントの数名によって構成される。メンバーには、将来企業を背負ってたつ有望な若手のリーダーが参加することはあったが、企業の経営陣の上位三番、四番の地位を占める経営幹部はまず参加せず、上位十五番以内の二、三人が参加するにとどまった。

このタスクフォースの長が熱情を備えた人物であることから、しばらくの間は成果があがる。しかしこのチームの内と外で、政治的動きに走る輩は、このチームが長期にわたる成功を収めるチャンスはほとんどあり得ないと素早く判断し、その結果、変革に対する支援、参加、貢献を差し控えはじめる。またチームに属するメンバーも自分の職務が多忙をきわめ、さらにこのチーム活動は彼らの貴重な時間を費やす価値は少ないと判断することから、その企業の抱える問題について、あるいはチームのメンバー間に十分な信頼感を築くために必要なミーティングを何度も繰り返し開くことは不可能となる。しかしこのチームの長は、その企業と従業員に対し、きわめて強い貢献意欲を感じていることから、変革の推進をあきらめず、眼に見える成果をあげるべく懸命の努力を続ける。

しばらくすると、タスクフォースの仕事が三、四人のメンバー、ほとんどの場合、チームの長、コンサルタント、若き有能の士の小グループで遂行されることになった。残りのメンバーたちは、この小グループが提案するアイディアをだまって承認はするものの、プロジェクトの推進にはほとんど貢献せず、しかも変革プロセスに対し貢献意欲も示さない。そしてグループとして重要な提言に対しコンセンサスが得られないうちに、あるいはタスクフォースからの提言に対し社内の関心が全く盛り上がらないうちに、さらに提言が実行に移されても社内の受動的な抵抗の壁に立ち往生しているうちに、取り組んできた問題がしだいに大きな問題に変貌してくる。タスクフォースの懸命の努力にかかわらず、ほんのわずかの成果しかあがらず、しかもその変革もきわめてゆっくりと、わずかな前進しか示さない形で進められることとなる。

このケースの結末は、このタスクフォースは決して成果をあげる効果的チーム、つまり共通の問題意識、未来に横たわる機会の理解、変革への貢献意欲を備えた強力な人材のチームにはなり得ないこととなる。またそのスタートの時点から、強力なリーダーシップを発揮するために必要とされる信頼を勝ち得ることが不可能となる。このような信頼が得られないケースは、芝刈り機のモーターで十八ものタイヤを付けた大型トラックを引っ張るのと同様な状態にたとえることができる。

このプロジェクトが失敗に終わったあと、この企業の競争力は若干落ち込み、この業界のリーダー企業がさらにリードを広げることになった。

チームの活動

先に紹介した二つのケースに示された大きな問題は、この両企業とも、市場と技術の変化のスピードを考慮していなかったという点である。競争もおだやかで、変化もゆっくり進む状況では、ぜい弱なコミティーでも、企業が適切なペースで環境に対応していくことを支援できる。コミティーがまず提案を生みだす。主要なライン管理者は、その提案の大部分を拒否する。コミティーは前案をさらに発展させた提案を再び行なう。ライン部門は一歩譲歩する。コミティーはさらに提案を続けるという方法である。このような方法は、競争もおだやかで、技術革新もゆっくりした時代には、成果をあげることができた。しかし激しいスピードで変化が進む世界では、ぜい弱なコミティーが成功を収めることはまず期待できない。

変化がゆっくり進む環境では、ヘンリーのような孤高型のボスが、シャーロットに、次にフランクに、さらにアリに語りかけ、彼らの発言に耳を傾けることによって、必要とされる変革を推進することも可能であった。さらに情報が必要であれば、適切な個人を呼んで尋ねればよい。ボスが意思決定をしたあとには、それをシャーロット、フランク、アリに伝えればよい。情報の流れは、つねに順序に従い、秩序立ったものであった。このボスが有能で、かつ十分な時間的余裕を持っていれば変革プロセスも問題なく進められる。しかし変化の激しい世界では、このようなゆっくりした、単線的な活動は途中で挫折する。つまりプロセスがスローダウンし、さらにリアルタイムの（現に発生している）情報を獲得することができない。その結果、変革の実行がさらに難しいものとなる。

今日のビジネスを取り巻く環境では、意思決定の部分で新しいプロセスが要請されている（図4―1）。変化の激しい環境では、個人またはぜい弱なコミティーが、非日常的な場面ですぐれた意思決定を下すために必要な十分な情報を獲得することは困難である。また個人またはぜい弱なコミティーでは、ほかの人たちに変革を推進するために要求される自己犠牲を求める点で、十分な信頼を勝ち取ることもできず、十分な時間的余裕を持つこともできない。このような環境では、適切なメンバーによって構成され、メンバー間に十分な相互信頼が存在するチームだけが成果をあげる。この新しい現実は、大規模な変革を進める際に、工場、新製品開発過程、あるいは企業のトップレベルで変革を導く連帯を築く際にも要求される。すぐれたチームワークを備えた変革を導く連帯チームは、さらに多量の情報を、より迅速に処理することができる。さらにこの種の連帯は、強力な人材が十分な情報を備え、主要な意思決定にも参画していることから、新しい方法を実行する際にも迅速に対応できる。

図4-1　今日のビジネス環境における意思決定

今日のビジネス環境

- ✔ 新しい戦略、リエンジニアリング、リストラクチャリング、企業合併、企業買収、ダウンサイジング、新製品と新しいマーケットの開拓等を通じて、さらに大規模な変革が要求されている

企業内で進められる意思決定

- ✔ さらに大規模で、複雑で、感情的にさらに困難を生じる問題について意思決定が求められる
- ✔ さらに迅速に意思決定が進められる
- ✔ より不確実性の高い状況で意思決定が行なわれる
- ✔ これらの意思決定を実行していくためにはより大きな自己犠牲が要求される

意思決定における新しいプロセス

- ✔ いかなる個人も、すべての重要な意思決定を進めるために必要な情報、さらにこれらの決定の実行に取り組む数多くの人材を納得させるために必要な時間と信用を備えていないために、新しい形の意思決定プロセスが要求される
- ✔ このプロセスは、チームとして機能する強力な連帯チームによって導かれなければならない

　では経営管理者たちは、変革を推進するために、なぜもっとチームを活用しないのだろうか。ここでは、ある意味で利害関係がからんでくる。つまりチーム全員が昇進することはあり得ず、あくまで個人が昇進することから、この際に個人は自らのキャリアを伸ばすために、個人としてのすぐれた業績を示すことが求められる。言い換えると、現在の企業では、「私はすぐれた成果をあげたチームに属していた」という議論は通りにくい現実が存在しているのである。

　さらに重要な点として、この問題には企業の歴史がからんで

くる。というのは、現在トップレベルの経営幹部の地位を占めている人たちは、チームワークがそれほど重視されていなかった時代にすぐれた経営上の業績をあげたことによって、いまの地位に昇進してきたのである。彼らも「チーム」を話題にし、スポーツにおけるチームワークの重要性を口にする。しかし本来的には今なお階層組織を重視している。つまり一人のボスに八人の直属の部下といった形を重視している。さらに彼らは、すべてが迅速に進行せずむしろゆっくり進む、あまり効果的でないコミティーの例をたびたび経験してきたことから、現在においてはますますその効果が低下している事実に気付きながら、なお古い形の階層組織のほうを尊重し続けるのである。

以上の事情から、数々のリエンジニアリングや戦略再編成のプロジェクトにおいて、変革推進のための連帯の構築の段階がスキップされ、この段階にほとんど関心が寄せられないのである。そしてビジョンの策定、ダウンサイジング、その他のアクションに飛びつくこととなる。しかし変革を推進するための連帯が形成されていない事情から、遅かれ早かれ、さまざまの変革の試みは破滅の道をたどることとなる。

変革プロジェクトに方向性を示す役割をもつこの種の連帯チームを構築するには、まず最初に適切なメンバーを選ぶ必要がある。効果的に変革を進める連帯チームを生みだすためには、次の四つの要件が不可欠であると考えられる。

(一) **ポジション・パワー**　重要人物がチームに参加しているか。参加していれば、チームに選ばれなかった人たちも変革の前進を妨げることは難しくなる。

(二) **高い専門知識**　取り組む課題にきちんと対応する、専門能力、職務経験、特定の国に関する深い知識といったさまざまな専門的視点が、このチームに適切に備わっているか。その結果、情報を十分に反映した、納得性の高い意思決定が可能になる。

(三) **信頼感**　企業内で高い評価を受けている人材が多数このチームに参画しているか。その結果、チームが発表する提言は、ほかの人材によって真剣に考慮される。

(四) **リーダーシップ**　このチームには、変革プロセスを推進する能力があると考えられる十分な数のリーダーが参加しているか。

最後のリーダーシップの要件がとくに重要である。効果的な変革推進のための連帯においては、マネジメントとリーダーシップ能力の両方の発揮が不可欠であり、しかも両者は手に手を取り合ってチームワークの形で発揮されなければならない。マネジメント機能が全てのプロセスをしっかりコントロールしつつ、リーダーシップ機能が変革を推進する（図4－2は、リーダーシップとマネジメントのさまざまな組み合わせを紹介しているが、それぞれの組み合わせは状況によって効果を発揮することも、しないこともある）。

この際、すぐれたマネジメント能力を備えながらリーダーシップの点で劣悪な連帯チームでは成功は期待できない。マネジメント指向のマインドセット（心構え）は、たくさんのプランを生むが、ビジョンは生みださない。ここでは変革の必要や変革の方向が人々に十分にコミュニケートされない。人々に権限を与えてやる気を高めるよりは、コントロールに走る。残念ながら、過去に何度も成功を収めてきた企業には、リーダーの存在とリーダーシップの発揮を拒絶するマインドセットのみを育む企業文化が残存している。皮肉なことに、過去の偉大な成功が、その企業の大多数の経営管理者に、成長を続ける企業をしっかりコントロールすることのみを要求し、リーダーシップの発揮を全く要求してこなかったために、前者を勢いづかせてしまうのである。このような企業では、是正のためのアクションが遂行されない限り、変革を推進する連帯チームにリーダーシップ発揮という不可欠の要件が永遠に欠落することとなる。

リーダーシップ不在という問題に対しては、次の三つの方法で対処することが一般的である。(一)企業外部から人材を援用する、(二)リーダーシップを発揮する技能を身につけている人材を企業内から登用する、(三)リーダーシップ発揮を要求される地位を占めながら、実際にリーダーシップをあまり発揮していない人材に、リーダーとしての役割を引き受けるように奨励する。このうち

図4-2　変革推進のための連帯チームの4つのタイプ

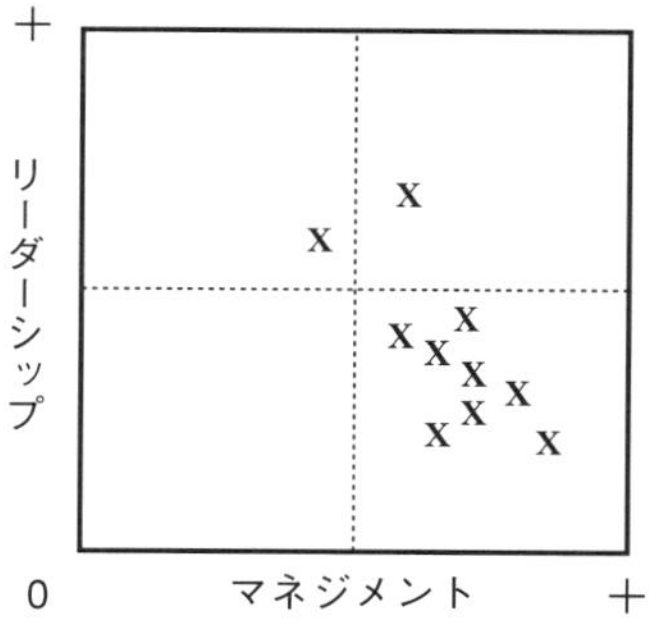

リーダーシップ能力が
不足している

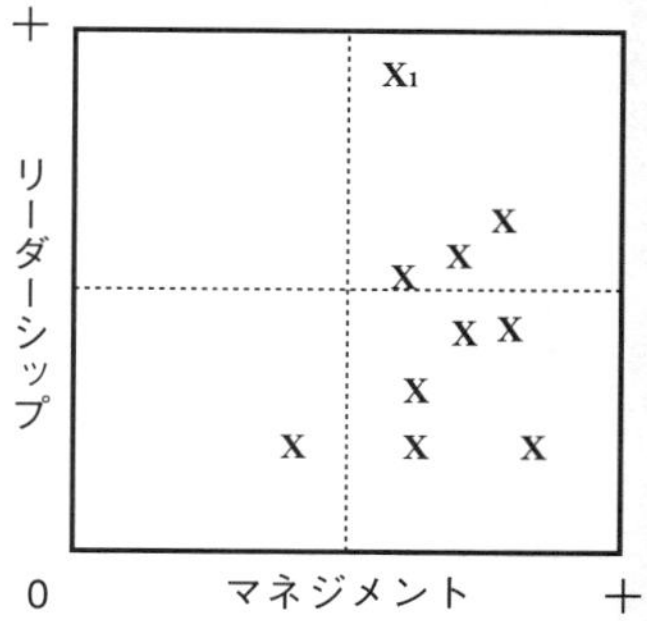

X1がボスで、
チームワークを生みだせれば
このタイプも機能する

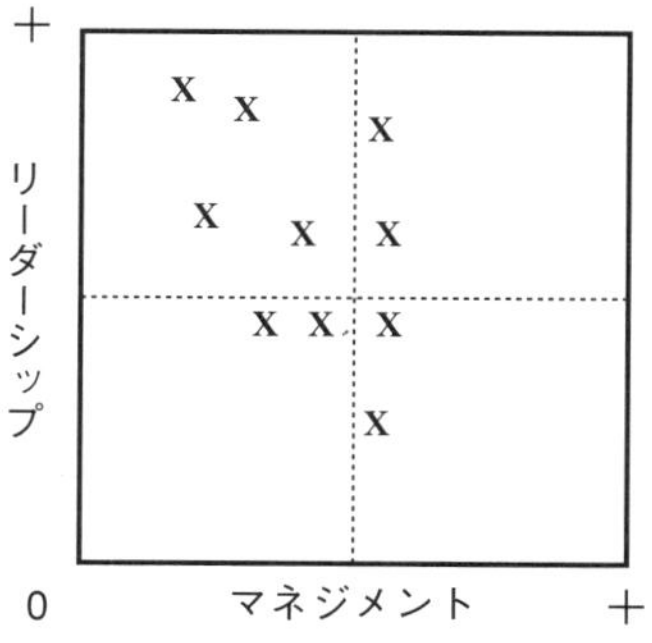

マネジメント能力が
不足している

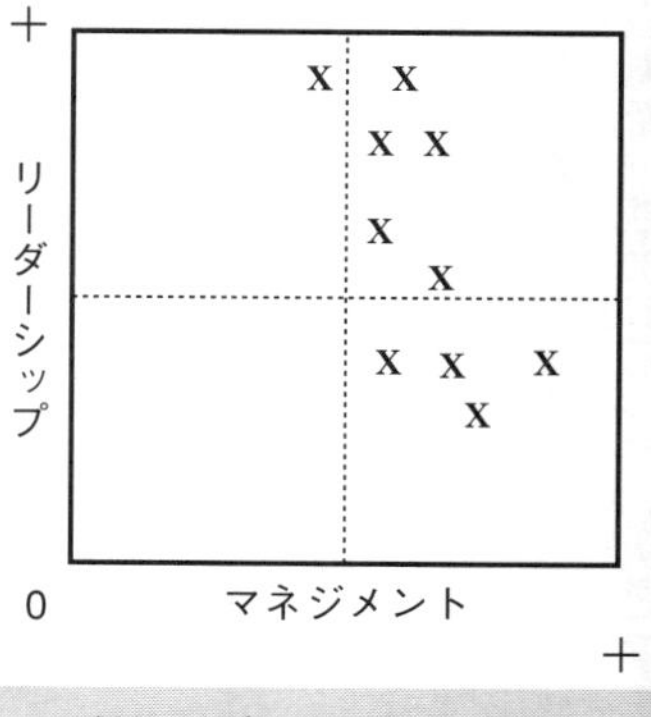

だれがボスであろうと、
すぐれたチームワークが
存在すればこのタイプも
機能する

のどの方法でも、目指すところは同じである。つまりリーダーシップ技能を備えたチームを作るというゴールが追求される。ここで忘れてならない教訓がある。「経営管理者によってのみ構成されている変革推進のための連帯チームは、それらの経営管理者がどれだけすばらしく、超優秀な人材であっても、大規模な変革の試みは実現しない」というのがそれである。

変革推進のための連帯チームの規模は、企業規模に比例する。当初の変革は通常の場合、二、三人の人たちによって始められる。成功を収める変革を推進するグループは、小企業やあるいは大企業内の小さな部門では、六人程度のメンバーが必要とされる。もっと大きな企業では、二十〜五十人の人材の参画が必要になる。

チームに望ましくない資質

変革のための連帯チームを作っていく際に、次の二つのタイプの人材は、何としてもチームに参画させてはならない。第一は、きわめて大きなエゴ（自我意識）を示し、ほかの人たちがとても入り込む余地がないほどにエゴを発散する人材である。第二は、私が蛇と名付けている人材、つまりチームワークを殺すような不信感をチーム内に生みだす人材である。

どこの企業においても、経営幹部の地位にある人たちは一般的に言って、大きなエゴを抱いている。しかし、これらの人たちが自分の弱点や限界について明確に理解している限り、あるいはほかの人材に備わるすぐれた能力を認めている限り、あるいは自らの個人的利害をコントロールすることでさらに大きな組織目標に対して自己犠牲をいとわない限り、変革を進める連帯チームに対しては核廃棄物程度の軽微な影響力しか発揮しない。しかしこのような人材が連帯チームで中心的な役割を果たすケースでは、効果的なチームワークは生まれない。そして当然ながら、大規模な変革は決して成功しない。

蛇のような人材も、違った意味で、前例と同様な危険人物となる。このタイプの人材は、チームワークにとって不可欠の要件であるチーム内の相互信頼感を破壊する。蛇的人材は、サリーにはフレッドのことを告げ、フレッドにはサリーのことを告げて、サリーとフレッドの関係を悪化させることにかけてはきわめてすぐれた才能を発揮する。

蛇的人材も巨大なエゴを抱く人材も、ある意味ではきわめて知性にあふれ、やる気もあり、生産的な人材である。それ故に、彼らは経営幹部の地位に昇進してきたわけであり、変革推進のための連帯チームに参加する候補者に選ばれても何の不思議もない。慧眼な変革推進者であれば、このような人物を早期に見分け、連帯チームに参加させないように防衛する眼を備えている。それが避けられない場合にも、すぐれたリーダーはこれらの人材のチーム内での行動を注意深く観察し、上手に彼らを管理する。

以上のほかで、油断なく眼を光らせておくべきタイプの人材は、チームの活動に非協力な態度を示す人たちである。一般的に、非常に高い危機意識がすでに存在している企業では、適性のある人材を変革推進のための連帯チームに参画させることはさほど難しくない。しかし高い危機意識が生みだされているケースが稀であることから、とくに変革に全く興味を示していない企業内の重要人物をチームに参加させるためには格別の努力が要求される。

ジェリーは、ある大規模な石油会社の一つの事業部門の最高財務責任者の職にある、きわめて多忙な経営者であった。本来保守的な彼は、リーダーというよりはすぐれた経営管理者であった。当然のことながら、大規模な変革の必要性については、変革にはつねに混乱と危険が伴うことから、疑問視していた。しかしジェリーはこの企業で過去三十五年間にわたりすぐれた業績を上げてきたことから、社内に強固な地盤を築いており、彼を無視することは許されなかった。彼の上司は二カ月間にわたり、長い時間をかけて、大規模な変革が是非必要であり、かつジェリーの積極的な参画が不可欠である、ということを説得し続けた。この説得の途中では、ジェリーは参画の時間も才能も備わっていないと、不参加の理由を述べ続けた。しかし最終的には、ボスの懸命の説得が功を奏して、ジェリーは変革チームに参画することになった。

たしかにジェリーのような人材を無視し、彼らの協力なしにことを進めたいという誘惑にかられる。しかしこのような人材が、強力な権限と信用を備えた重要人物である場合には、この回避作戦も功を奏さない。ここでジェリーをチームに参画させることに伴って生じる問題は、ほとんどの場合、解決しようとしている危機意識そのものに立ち戻った問題である。つまり、彼は、存在している問題も機会も明確に理解していないし、彼と毎日接触しているほかの人たちにも問題意識は高まっていない。このように現状満足意識の高い状態では、ジェリーのような人物を説得してチームに参加させても、彼が、成功を収める連帯チームを生みだすために必要な時間と努力を費やすことはまず期待できない。

ところで、ジェリーのような人材が、蛇的人材、または巨大なエゴを抱いた人物の示す特性を備えている場合には、このような人材に退陣または退職を求めることが唯一の解決策とならざるを得ない。そうした人物に連帯チームに参加してもらうことは望ましくないし、ましてや彼らがチームのミーティングの外でさまざまな問題を発生させることは許しがたい。しかし数多くの企業は、これらの人材がすぐれた能力を備え、ほかの人たちから尊敬を集めていることから、彼らを退職させるという選択を避けようとすることが多い。ところがこの選択肢をためらっていると、さらに深刻な問題が生じる。すなわち、このような人材に、新しい戦略や企業文化の改革努力を妨害することを許してしまうからである。

われわれはこうした人事問題はとかく避けがちになり、ジェリーはそれほど問題ではない、あるいはジェリーを巻き込まなくとも変革は達成できる、と自分自身を納得させようとしてしまう。われわれはそのまま変革の努力を続け、最後にはこの人事問題にもっと早く取り組まなかったことを大いに悔やむことになる。

このような状況下では、次の教訓をしっかり理解しよう。つまり、安定した時期には無視できた人事上の問題が、激しく変化を続けるグローバル経済のもとでは、きわめて深刻な問題を発生しがちである、という教訓である。

相互信頼と目標の共有で、効果的なチームを築く

変革推進のための連帯チームにチームワークを築くためには、さまざまな方法が利用できる。ここでどのような方法を採用しようとも、一つの要件、つまりメンバー間の相互信頼が不可欠の条件となる。相互信頼が存在すれば、チームワークを築くことが可能になる。逆に相互信頼が存在しなければチームワークも生まれない。

信頼は多くの企業で不足している。ある一つの部門や事業部門で一生を過ごしてきた人材は、自分たちの所属する組織に忠誠を誓うように教育され、たとえ同一企業に属していても他部門の人材の行動は信用しないように教えられてきた。コミュニケーション不足やさらに数多くの要因が、部門間にはき違えた対立を生んできた。たとえば技術部門はセールス部門を疑いの眼で評価し、ドイツ支社はアメリカ本社を軽蔑の眼でとらえる、といった例である。このような部門で昇進を重ねてきた人材が、変革推進のための連帯チームで変革を進めるために協力して仕事をすることを求められる場合、もともと相互信頼が欠けていることから、チームワークはやすやすとは

生まれない。この結果として演じられる派閥的行動によって、必要とされている変革の進行が阻害される。

相互信頼について一度でも目を向けてみると、さまざまな活動の積み重ねが、必要なチームワークを生みだしているかどうかを判断する際に大きな効果が期待できる。そのような活動が、メンバー間に相互信頼、尊敬、さらに相互信頼に対する関心を生んでいる場合には、チームが正しい道を歩んでいることが確かめられる。そうでなければ正しい道をたどっていないことになる。

四十年前には、数多くの企業は、インフォーマルな社交的活動を通じて、チームを築こうと試みた。経営幹部の全員がお互いの家族と交流した。ゴルフ、クリスマスパーティー、ディナーを通じて、相互理解と相互信頼にもとづく関係を築いていた。

家族を交えた社交的活動はいまでもチームを築く際に活用されているが、今日ではいくつかの深刻な問題を生んでいる。第一に、あまりに時間が掛かり過ぎる。つまり当初からチームを築くことを目的にしていないような、時たまの活動では、チームを築くには大変に時間が掛かる。第二に、このような社交的活動は、一家に働き手が一人という状況で効果をあげ得るが、夫婦ともに仕事を持っている状況では、二つの異なった企業のそれぞれで頻繁に催される社交的活動に彼らがすべて参加することは不可能となる。第三に、この種の組織開発プロセスでは、関係者に服従を求めるプレッシャーが強まる傾向を伴う。政治的意見、ライフスタイル、趣味はみんなに共通なものに統一される。みんなと違っている人たちには、集団の規範に従うか、あるいは集団を離脱するか、の選択しか道は残されていない。悪い意味での「集団思考」が結果として生みだされる。

今日のチームビルディングは、もっと迅速に、多様な人材を巻き込み、家族内の配偶者を参加させずに進めなければならない。この目的を達成するために、今日きわめて一般的に実行されている方法は、注意深く計画された、社外で開催されるミーティングである。八人、十二人、二十四人といった人数のグループが、チームとしてさらに効果性を高めることを目的として、二日から五日間にわたり会社を離れた場所に集合する。出席者は討議し、分析し、山に登り、ゲームをこなす。このすべての活動は、メンバー間の相互理解と信頼を高めることを目的にしている。

三十年ほど前に始められたこの種の試みは、当時は速効を求める応急措置セラピーの様相を呈し、ほとんど成功を収めなかった。最近では、ミーティングの重点は、参加者の頭脳に訴える知的な作業と、参加者の心に訴える連帯を生む活動に移っている。参加者は、業界に関するデータを長い時間掛けて、しっかり分析したあとに一緒にヨットに乗り込む。

会社を離れて、みんなが集合して実施されるミーティングの典型的な例は、十人から十五人の参加者が三日から六日間のミーティングに参加するというものだ。社内の専門職や外部のコンサルタントがミーティングの内容を設計する。ミーティングでは、自分の企業、企業の抱える問題と機会について、各人がどのように考え、感じているのかについて、率直な意見を述べ合うことに多くの時間が費やされる。メンバー間に開かれているコミュニケーションのチャネルは、オープンであり、相互理解が促進される。また、知的な作業や社交的な活動は、相互信頼を高めることに貢献する。

チームビルディングを目的としたこうした社外でのミーティングの多くが、期待された成果を生むとは限らない。ある場合には、たった三日間のミーティングに、あまりに高い期待が寄せられてしまうこともあるし、またはミーティングの運用に十分な配慮がなされない、あるいは専門家による支援がないこともある。しかし一つの傾向ははっきりしてきている。つまり、われわれはこの種のミーティングを前よりも上手に運用しはじめているという点である。

たとえば、ある事業部門の社長であるサム・ジョンソンは、その民生用エレクトロニクスのビジネス部門に、生産的な変革のための連帯チームを十人のメンバーで編成することとした。これらのメンバーには、彼に直接リポートする七人の経営幹部、今後の変革において中心的な役割を果たすことになるであろう事業部門内の部長、本社の上級副社長、さらに彼自身が参加した。彼は非常な困難を感じながらも、十人のスケジュールを調整して、一週間にわたるミーティングを設定した。彼らはまず最初の二日間を自然のなかで過ごす活動に取り組んだ。つまり全員が自然のなかで四十八時間過ごし、その間に、ヨットや山登りといった体力が要求される課業に取り組んだ。この二日間に、メンバーたちはお互いをもっと知り合い、チームワークが重要であることを再確認した。三日目から五日目にかけては、ホテルにチェックインし、この事業部門にとってのライバル企業や顧客に関する莫大な資料が配布され、さらに限られた時間のなかで、数多くの討議の要約を作ることが求められた。彼らは朝七時半から夜七時までこの作業に取り組んだが、作業は、意図的にメンバーチェンジが繰り返される形で、小グループごとに進められた。毎晩七時から九時半までは、ディナーをとりながら、自らのキャリア、期待、その他の個人的な事柄について話し合った。この過程で、メンバーはさらにお互いをよく知り合い、自分たちの属する業界について共通の理解を高めることができた。相互理解が高まり、実際に作業をこなしていくことによって緊密な関係を築き、さらに共通の理解を築くことによって、相互信頼を高めた。

サムはこの成功を収めた一週間にわたる活動は、なお変革プロセスのスタートにすぎないことを認識し、数カ月たって、同じグループに対し三日間のミーティングを持った。さらに二年が経過し、メンバーの異動や昇進によってメンバーの構成が変わったために、サムは再び注意深く計画したこの種のミーティングを開いた。さらに重要な点として、これらのはっきり眼に見える数回のミーティングの間にも、チームワークに必要なメンバー間の相互信頼を築くことに貢献する数々のアクションが取り続けられた。またサムは、折角築いた良好な関係を破壊する可能性を秘めたうわさ話に対しては、すばらしいスピードと正確な情報で対応した。ほかのメンバーをよく理解していない人材は、別のタスクフォースに移ることを求められた。さらにメンバー全員は可能な限り、さまざまな社交的活動に招待された。

では、以上の活動はやすやすと進められたのだろうか。これに対する答えは、「簡単に達成されたわけではない」である。

このグループの十人のメンバーのうちの二人は、きわめて自立心の強い人材であったので、なぜ全員で山登りに取り組まなければならないのか、を理解できなかった。またメンバーの一人は自分の仕事に多忙を極めていたので、ときにはグループの活動に参加することがまったくできないほどであった。またほかの一人は、許容範囲ぎりぎりの「強いエゴ」を抱いていた。さらに過去からのいきさつで、二人のメンバーはどうしても仲良くなれなかった。これらの問題を抱えながら、サムは見事にすべての問題を克服して、変革推進のために生産的な連帯チームを築き上げたのである。

私自身は彼が成功を収めた理由は、彼が事業部門の業績を向上させることをきわめて強く望んでおり、さらにこのビジネスを勝者に導くためには大規模な変革が是非必要であると信じていて、また変革のための生産的な連帯なしにはこの変革が進行不可能であると固く信じていたからだと認識している。言い換えると、サムは自分にはほかの選択は許されない、と感じていたのである。そこで彼は、メンバー間の相互信頼とチームワークを築かざるを得ず、結局それらを築くことに成功したのである。

変革を推進するために必要な連帯チームを築くのに失敗したケースでは、そのもっとも一般的な理由として、その関係者が心の根探いところで組織変革が是非必要であるとは考えていなかった、あるいは変革を導くために強固なチームが必要であるとは考えていなかった、という点が指摘できる。この際、チームビルディングを進めるための能力が問題の原因となることは少ない。

経営幹部が、変革を進めるために変革推進のための連帯チームを何としても築き上げなければならないと信じている場合には、チームビルディング能力を備えた、優秀な助力者を見つけだすことはつねに可能である。しかし経営幹部に、先のような確信が伴っていない場合には、たとえ彼自身がチームビルディングのための能力を備えていても、またすぐれた助力者を得たとしても、彼らが必要とされるアクションを取っていくことは望み得ない。

メンバー間の相互信頼のほかに、チームワークにとって不可欠の要件は、メンバーによって保持される共通のゴールであろう。変革のための連帯チームのすべてのメンバーが、共通の目標を持ち、何としてもそれを達成したいと願っているときにのみ、真のチームワークが生まれる。

変革推進のために集められた全メンバーを結束させるために役立つゴールとしては、卓越したレベルに到達しようとするメンバーのコミットメント（献身意欲）、あるいはその企業を可能な限りの高い業績レベルに到達させようと願うメンバーの強い意思、があげられる。このような強い意思が存在しないときには、リエンジニアリング、企業買収、企業文化の変容といったプロジェクトはほぼ挫折する。このようなケースでは、人材が自分の部門、事業部、友人、あるいは自分のキャリアにのみ関心を寄せていることが多いからである。

メンバー間に相互信頼が生まれている場合には、全員が共有できる目標も生まれやすくなる。逆に人材が企業を卓越したレベルに到達させることに意欲を燃やさないのであれば、その最大の原因は、人材がほかの部門、事業部、あるいは同僚の経営幹部に、大幅な信頼を感じていないからであ

図4-3　変革を推進する連帯チームを築き上げる

適切な人材を選ぶ

- ✔強力なポジション・パワー、広範な専門知識、高い信頼を備えた人材
- ✔すぐれたリーダーシップ能力とマネジメント能力、とくに前者を備えた人材

メンバー間の信頼感を築く

- ✔社外で開催される細心に計画されたミーティングで、数多くの討議と共同作業を通じて、相互信頼を築く

共通の目標を立てる

- ✔この共通の目標は、知的な意味で納得がいき、しかも心に強く訴えるものでなければならない

る。彼らは、ときにはきわめて合理的な理由から、自分たちが顧客満足の向上や経費節減といったアクションに懸命に取り組んだとしても、ほかの部門が同等の努力を示さず、自分たちが法外な犠牲を強いられることになることを怖れるのである。しかし相互信頼が高まると、共通の目標も生まれやすくなる。またリーダーシップの存在も状況改善に貢献する。リーダーは、自分の部下の人材たちに、彼らの抱く短期的な派閥的利害を超越させる方法を心得ているからである。

変革を実現する

メンバー間の相互信頼、さらにメンバーたちが共有できる共通のゴールを適切な方法で統合できれば、強力なチームを生みだすことができる（図4－3）。このようにして形成された連帯チームは、企業内に無気力を助長

するもろもろの力が存在していても、必要とされる変革を実現する能力を備えることができる。少なくとも、必要とされるビジョンを生み、そのビジョンを広く周知し、数多くの人材を鼓舞してアクションに取り組ませ、変革の価値を理解させ、短期的な成果をあげ、さまざまな変革プロジェクトをリードし、かつ管理し、さらに新しい方法を企業文化に定着させる際に必要な、困難な作業を進めるための潜在能力を備えることができる。

もう一度繰り返すと、ゆっくり変化を続け、寡占的で、グローバル化のそれほど進んでいなかった経済の下では、先に述べてきたような努力は要求されなかった。今では新しい傾向がはっきり現れている。今日においても、さらに近未来においても、企業を変革する新たな試みが数多く進められる。この際に、変革を推進する強力な連帯チームの形成なくしては、これらの変革は挫折し、変革は滅亡を待つだけとなる。

第五章

ビジョンと戦略を作る

　次のような光景を想像してみよう。昼食時に、十人ずつのグループが三つ、公園に集っていた。空には嵐の前触れが感じられた。最初のグループでは、ある一人が「みんな立ち上がれ。私についてこい」と叫び、彼が歩きはじめると数人だけが付き従った。彼はまだ座り込んでいる人たちに、「私が言ったように、立て。いますぐに立て」と叫んだ。第二のグループでは、ある人物が「われわれは移動しなければならない。そのプランはこうだ。まず、一人一人が立ち上がる。そしてりんごの樹を目指して行進を始める。個々人の間隔は少なくとも二フィートを保つように。決して走ってはいけない。この場には物を置きざりにしないこと。そして必ずりんごの樹の下で止まること。りんごの樹に到達したら、………」と宣言した。第三のグループでは、ある人物がほかの人たちに「もうすぐ雨になるよ。あそこのりんごの樹のところへ行って、りんごの大樹の下で雨宿りしたらどうだろう。濡れずに済むし、新鮮なりんごをランチにできるかも知れない」と告げた。

私自身、企業を変革する際にいかに多くの人たちが、先に紹介した第一と第二の方法、つまり専制的命令やマイクロマネジメント（ごく細かいところまで管理しようとする経営）の方法を使おうとしているかを見てがく然とする。この両方の方法とも、一九世紀以降各企業で広範に活用されてきたが、主に現存システムを維持するために使われ、これらのシステムをさらにすぐれたものに変換するために使われてきたわけではない。この変換のゴールが企業の行動様式の変容であった場合には、ボスがきわめて強力なパワーを備えていない限り、専制的命令の方法はごく単純なケース（先のりんごの樹のケース）においてすら、効果をあげることはない。ますます複雑さを増している企業では、この方法は全く機能しない。この場合、王や女王のような強大な力の後ろ盾がないと、権威主義的管理では、組織内に生じる抵抗の諸力を制圧していくことは不可能である。人々は、ボスを無視するか、協力するふりをしてボスの努力を妨害するというような、あらゆる手段を駆使してくる。マイクロマネジメントのほうは、従業員が何を成すべきかを細かく指示し、さらに従業員がこれにきちんと従っているかをチェックすることによって、この問題を克服しようとする。この方法によれば、たしかに変革に対する抵抗の一部は克服し得るが、そのために許容範囲を超えた、長い長い時間が要求される。まず詳細なプランを作り、それをコミュニケートすることに時間が掛かることから、この方法によって進められる変革はきわめてゆっ

図5-1 ビジョンによって人々の抵抗を克服する

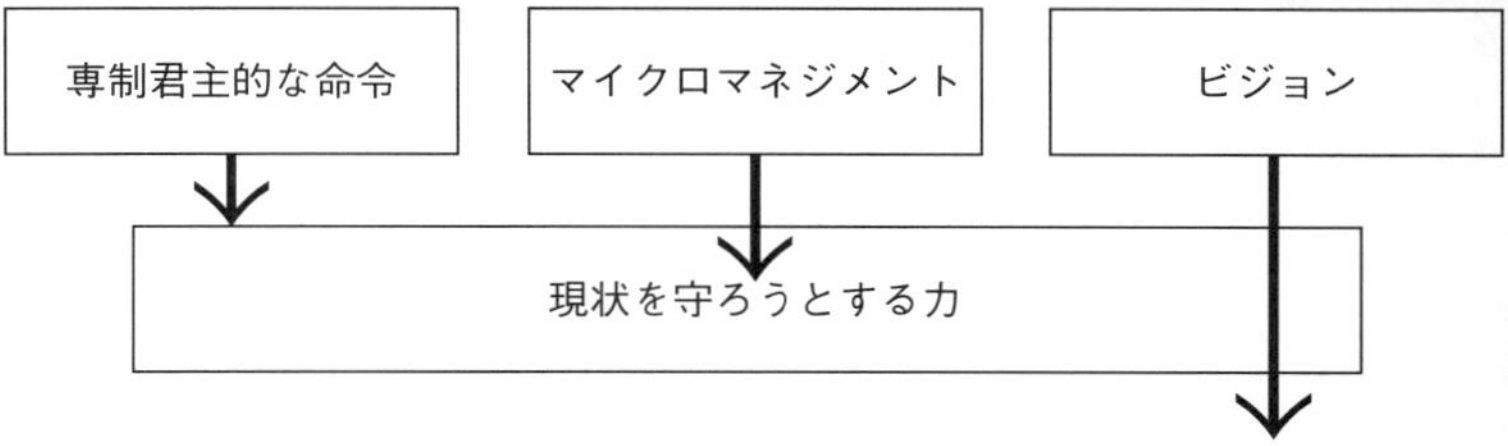
専制君主的な命令
マイクロマネジメント
ビジョン
現状を守ろうとする力

くりしたものになる。先に紹介した第三の方法のみが、現状を維持しようとする諸力を克服し、成功を収める変革に見られる急激な変革を促進する可能性を持つ（図5−1）。この方法は、偉大なリーダーシップの発揮に中心的な役割を果たす「ビジョン」を基盤に置いている。

ビジョンはなぜ不可欠なのか

ビジョンとは、将来のあるべき姿を示すもので、なぜ人材がそのような将来を築くことに努力すべきなのかを明確に、あるいは暗示的に説明を加えたもの、と定義できる。変革のプロセスにおいて、すぐれたビジョンは三つの重要な役割を果たす。第一に、変革の目指す方向を示し、さらに「現在われわれがいるところから、数年のうちにどこどこへ移動する必要がある」といった方針のように、その企業にとっての具体的な方針を明言することによって、それに伴って必要となる無数の詳細にわたる意思決定を容易にする。第二に、ビジョンは、人材が正しい方向を目指して行動を取っていくことを促す（たとえ初期の段階の行動が個々人に苦痛をもたらす場合においても）。第三に、ビジョンは、無数の人材が参加している場合でも、きわめて迅速に、効率的に、さまざまな人材の行動をまとめ上げることができる。

変革の方向を明確に示すことはきわめて重要である。なぜなら人材がその方向に賛成しなかったり、それによって混乱したり、もっと根本的に、一体その変革は本当に必要なのだろうかと疑ったりすることが多いからである。すぐれたビジョンおよびビジョンに伴って作られる戦略はこの問題を解決する際に力を発揮する。ビジョンと戦略は次のような点を明言する。「われわれを取り巻く世界はこのように変化している。そこでわれわれがこのような目標を立て、さらに目標を達成していくために、こうした新製品開発（あるいは企業買収、品質向上プログラム）に取り組むべき重大な理由が求められるのだ」と。方向が明示されれば、さまざまな意思決定を行なう際の困難が消え去る。この企業を買収すべきか、もっとたくさんのセールスマンを雇うためにこの資金を使うべきか、組織再編成は本当に必要なのか、あるいは国際化の努力が迅速に実行されているか、といった疑問を巡って展開される果てしない議論が解消される。つまり、このプランはビジョンと合致しているか、という単純明解な質問によって、苦痛に満ちた、長時間を要する議論が不必要になるのである。

同様に、すぐれたビジョンの存在によって、お金と時間を空費する混乱の種を解消することができる。はっきり方向が示されると、不適切なプロジェクトが摘出され、停止される（たとえそれらのプロジェクトに政治的なサポートが伴っている場合でも）。こうして活用可能となったリソースを変革の推進にふり向けることが可能になる。

ビジョンが備える二番目の重要な役割は、人々の短期的な興味からは生まれない刺激的なアクションを導きだすことによって、大規模な変革の推進を助ける機能である。すぐれたビジョンを実現するために必要とされるさまざまなアクションには、つねに痛みが伴う。しかし場合によっては、輝かしい未来を築くために要するコストは小さいこともある。たとえば先のりんごの樹のケースのように、人々はその樹に向かって歩く間、多少の快適さを犠牲にすれば済むわけである。しかし数多くの企業では、従業員たちはその快適ゾーンから強制的に退去することを求められている。つまり、今までより少ない資源をもって仕事を進める、新しい技術や行動を身につけるように求められる、職を失う危険にさらされる、といった要求である。このような状況下で、合理的な人間がこの状況を歓迎しないとしても驚くには当たらない。すぐれたビジョンは、人材に希望を与え、励ますことによって、必要なことを遂行する（多くの場合痛みを伴うが）際に生まれる人々の自然な抵抗の心を和らげるのである。すぐれたビジョンは、自己犠牲が避けがたい事実を人々に知らしめる。同時にこれらの自己犠牲は、変革の推進されていない今日、あるいは明日に得られる利益と個人的満足をはるかに超えた利益と満足を生みだすという可能性も明確に示してくれる。

たとえ大規模なダウンサイジングが必要な状況においても（このような状況では、人々は意気消沈し、やる気を失うために、未来の到来を拒絶しがちである)、すぐれたビジョンが存在すれば、人々に、何に挑戦していけばよいかについて、明確な根拠を示すことができる。つまり「今まで通りのコースをたどれば倒産に至る。しかしこの道をたどれば、一部の職務を保全できる。われわれの顧客や供給企業に生じる問題を回避できる。あるいは企業年金や貯蓄に投資してきた数多くの中間層家族を助けることができる」といった根拠である。

第三に、ビジョンはある方向に向けて人材を整列させることができる。つまり、やる気を燃やす人材のアクションを、きわめて効率的に統合できるのである。これに代わる方法、言い換えると、こと細かな方針を出し、果てしない会議を繰り返す方法では、多大の時間とコストが必要とされる。これに対して明確なビジョンが示されれば、管理者も従業員も、つねに上司や同僚に尋ねることなく、何を成すべきかを自分たちで判断できる。

ビジョンに伴うこの第二の機能はことさらに重要である。というのは、たくさんの人材が参加する変革を統合していく際に生じるコストは莫大なものになる。そこに進むべき方向についての共通理解が存在していない場合には、個々の人材は、つねに対立に陥り、果てしない会議を繰り返さざるを得ない。しかし共有されたビジョンが存在すれば、主体的に仕事を進めつつ、他人の領域に踏み込むことなく仕事を進めることが可能になる。

すぐれたビジョンとは

そもそもビジョンという言葉には、何か壮大なもの、あるいは神秘的なものという意味が含まれている。しかし企業変革を成功に導くために、方向を示すためのビジョンは簡明で平易なものであるべきだ。たとえば、「雨が降りそうだ。りんごの樹の下で雨宿りして、ランチに新鮮なりんごを食べよう」という例である。

ビジョンが簡明で平易である理由は、成功を収める変革では、ビジョンは、その他に戦略、プラン、予算といった多くの要素を包含する大きなシステムの一部を占めるにすぎないからである（図5―2）。しかしビジョンがより大きなシステムの一部にすぎないと言っても、それがきわめて重要な要素であることは疑いない。ビジョンが存在しなければ、戦略形成の作業は人材間にいさかいを生む作業となってしまうし、また予算編成も、昨年の数字を取ってきて、五％乗せる、五％引くといった意味のない作業に成り下がる。さらに重要な点として、すぐれたビジョンの存在しないところでは、上手に作られた戦略も、合理的なプランも、大規模な変革を推進するために必要とされるアクションを導きだすことができないのである。

すぐれたビジョンには、それがいかに平易に述べられていたにせよ、少なくとも次に紹介する六つの重要な特徴が備わっている（図5―3）。第一に、ビジョンは、ある活動、あるいはある企業の将来における（多くのケースでは遠い将来における）姿を表現する。第二に、ビジョンは、

図5-2 ビジョン、戦略、計画、予算の関係

リーダーシップ機能	ビジョン	将来のあるべき姿についての納得しやすい、力強い声名
	↕	
	戦略	いかにビジョンが達成し得るかを表明する論理（方法）
	↕	
マネジメント機能	計画	戦略を実行していくための具体的行動とスケジュール
	↕	
	予算	計画を経費予測とゴールによって具体的に明示

図5-3 すぐれたビジョンに備わる特徴

✔眼に見えやすい	将来がどのようになるのかがはっきりした姿で示されている
✔実現が待望される	従業員、顧客、株主、その他この企業に何らかの利害関係を持つ人たちが期待する長期的利益に訴えている
✔実現可能である	現実的で、達成可能な目標から生みだされている
✔方向を示す	意思決定の方向をガイドするために、明確な方向が示されている
✔柔軟である	変化の激しい状況において、個々人の自主的行動とさまざまな選択を許容する柔軟性を備えている
✔コミュニケートしやすい	コミュニケートしやすい。すなわち5分以内で説明することが可能である

企業に何らかの利害関係を持つ人たち、つまり顧客、株主、従業員等に最大の利益をもたらす可能性の数々を明記する。逆にあまり質の高くないビジョンの場合には、それを追求する過程で、一部のグループが当然受けるべき利益を無視することが多い。第三に、すぐれたビジョンは実際に達成可能な姿を描く。したがって、ビジョンは実現する可能性のない、夢物語ではない。これに対し、おそまつなビジョンは、絵に描いた餅のレベルにとどまる。さらにすぐれたビジョンでは、必要とされるアクションを喚起する方向がはっきり示されるが、同時に人材の自発的行動を許容する柔軟性も備えている。これに対し、質の高くないビジョンは、ときにあまりに曖昧であったり、あまりに狭量であったりする。最後に、すぐれたビジョンは人々にコミュニケートしやすいのに対し、おそまつなビジョンは人々の間に浸透しにくい。

将来の姿をはっきり示す

会社の社内報で次のような記述に出合ったら読者はどのように感じるだろうか。「わが社のビジョンは、従業員に最低の賃金を払い、顧客にはマーケットが許すもっとも高い価格をチャージし、もうけは株主と経営幹部で配分するが、とくに経営幹部の取り分を最大にする、というものである」と。これだけはっきり書かれると、このメッセージは全く許しがたいもののように見える。しかし実は、今月一部の企業で進められている変革のために設定されたビジョンは、このメッセージと大差ないケースが見られる。われわれのすべてに潜む、ひねくれた見方からすれば、このような企業はきっと大きな成功を収めているに違いないと信じたくなるが、現実にはこれらの企業は決して成功していないのである。成功したとしても、ごく短期間の成功に終わっている。

リエンジニアリング、リストラクチャリング、その他の変革プログラムは、その企業に利害関係を持つ多くの人たち、すなわち従業員、顧客、株主、供給会社、地域社会にアピールする、魅力あるビジョンによって導かれていない限り、長期的には決して成功しない。すぐれたビジョンの場合、進歩した未来を獲得するために、前記の人々の一部または全部に、自己犠牲を要求することがある。それでいてこれらの人たちの保持する、当然守られるべき長期的な利益が無視されることはない。逆にほかの人たちの権利を踏みにじって一部の企業支援者の利益を優先させようとするビジョンは、もっとも邪悪な半獣神が生みだしたものと言わざるを得ない。この種のビジョンは短期間だけ成功を収めることはあり得ても（とくにカリスマ的リーダーが存在するとき）、最終的には変革に従事している人材のモラールを低下させ、逆に変革に反対する人たちからの反撃を助長する。今日のビジネスでは、これらの反撃は、さまざまなソースから繰り出される。つまり経営陣にさまざまな方法でプレッシャーを加えてくる機関投資家たち、不買運動や訴訟に訴える顧客たち、さらに受動的な抵抗を通じて変革を妨害する従業員たちからの反撃である。

また製品およびサービスのマーケットの現状に深く根をおろして設定されていない企業ビジョンは、ますます破綻をきたしやすい。今日の顧客は、大きな選択の自由が保障されていることから、彼らの利益に関心を寄せない企業をたやすく見捨てる。同様に、金融も労働市場も同じような反応を示す。従業員、または投資家が選択を許される立場にいる場合、彼らの利益を無視した企業は破滅への道をたどらざるを得ない。

では、どうして知性に満ちあふれた人たちが、顧客、従業員、投資家のニーズを無視するビジョンを追求するのだろうか。これまで私が見聞してきた例から言えば、このような事態は、ある一つの企業支援者のグループが他のグループに対していわば独占的な地位を築いており、そして企業の経営者がこのグループからのプレッシャーを感じているときに起こりやすい。たとえば、強力な労働組合が高い給与と福祉を要求しているときに、弱体なマネジメントが、ほかに選択の余地のない顧客に高い価格を押しつけるといったケース。この逆のケースとして、今や世界中からの製品を買うことが可能になった顧客が、企業に対しもっと高品質で、安価な製品を求めるときに、苦悩するマネジメントが力のない従業員の給与と福祉を削ることによって問題を解決しようとするケース。このような短期的なプレッシャーに加え、あさはかで、望ましくないアクションをも合理化しがちな人間の特性が作用して、頭のよい人たちに先のような不合理な行動を取らせてしまうのである。

変革のためのビジョンが望ましいものであるか否かを吟味する際には、次のような基本的な問いに答えてみるとよいだろう。

(一) このビジョンが実現したら、顧客にどのような影響が及ぶか。現在満足度の高い顧客は、将来においても高い満足を感じるだろうか。現在満足を感じていない顧客が、将来満足を感じるようになるだろうか。現在わが社の製品を買っていない人たちをわが社の製品に引きつけることができるだろうか。数年後に、顧客の真のニーズに応え得る、さらにすぐれた製品、サービスを提供する競争において、わが社は競合会社をしのぐことができるだろうか。

(二) このビジョンは株主にどのような影響を及ぼすのか。株主の満足を保持し得るのか。株主が現状に完全に満足していないとしたら、このビジョンの実現で事態は好転するのか。この変革を成功に導けば、ほかの方法を取ったときより、さらに高い配当を株主に提供し得るのか。

(三) このビジョンは従業員にどのような影響を及ぼすのか。従業員が現状に満足しているとして、将来もその満足は維持されるのか。現在従業員が不満を感じている場合には、このビジョン実現によって彼らの気持と心をとらえることができるのか。変革に成功した場合、目下労働市場で競争している他社よりもさらにすぐれた雇用条件を従業員に提供することができるのか。

過去十年間に、さまざまなステークホルダー(企業と何らかの利害関係を持つ人たち)間の利益バランスを保つという観点から、数多くの論文が発表されてきた。私はこの点についてここで議論するつもりはない。私の主張したいポイントは、顧客、従業員、株主に対して単に平均的な利益を保証すると約束することによって、さまざまなグループからの要求のバランスを完璧にとることを目指すビジョンでは、大規模な変革を実現するために必要な支援を生みだすことは不可能だ、という点である。顧客、金融、労働市場でますます競争が激しくなっている状況では、さらに多くのことが要求される。つまりだれに対してもすぐれたサービスを提供することが求められる。ここで問われるべきは、「どのように経費を節減するか、または製品の質を高めるか」ではなく、「いかに製品の質を高めつつ、経費を節減するか」である。また「われわれは高い技能を備えた、高給取りの従業員を育てるべきか、または労務のコストのもっとも低い製造企業を生みだすべきか」ではなく、「わが社をもっとも労務コストの低い製造企業に転換しつつ、いかに業界一の生産性を誇る従業員を生みだすか」である。

ここでは当然次のような意見がでるだろう。「それはとても難しいことですね」。これに対する答は、「もちろん困難です。しかしこの挑戦に取り組む企業の能力こそ、今後の勝者、敗者を分ける、重要な要因になっているのです」というものだ。

戦略の実現可能性

最近発表された企業ビジョンの中には、いろいろなことを語りながら、変革がどうして必要なのか、どのように実現するのかについて全く手掛りを示していないものが見られる。たとえば、わが社は最低レベルの生産性から業界一の生産性を達成する、というビジョン。まことにすばらしい。しかしどのようにそれを達成するのか？ わが社は中位を占める企業から、顧客のもっとも好む企業に変身する。このビジョンもすばらしい。しかしどうやって？

実現可能性を備えたビジョンは、単なる夢物語ではない。将来のあるべき姿を効果的に描く場合には、どうしてもリソースや能力を大幅に引き伸ばす要件が記述されなければならない。たとえば年に三％の改善を目指すビジョンでは、急速に変化を遂げている環境で必要とされる、基本的な見直しや変革は決して促進されない。しかし反対にその変革が実現不可能と判断される場合には、このビジョンは人々からの信用を失い、必要なアクションを促すことはできない。どれだけ高い目標が実現可能と判断されるかは、コミュニケーションのプロセスに大きく左右される。偉大なリーダーは、野心的な目標も実現可能であると人々に認識させる術を心得ている（この点については次章でさらに詳しく議論する）。

実現可能ということは、そのビジョンが、企業、市場環境、競合の動きについて、明確で、合理的な理解にもとづいて作られているということを意味する。この点で、戦略が大きな役割を果たす。戦略は、ビジョンがどのように実現されるのかという点について、合理的な道筋とかなり詳細な方法を提示する。たとえば、今日発見されるもっとも大きなトレンドは、市場環境の変化が激しく進行し、ますます競争が激化している状況であることから、企業としてこの市場で成功を収め、さらにすぐれた配当を提供し続けるためには、社内にのみ眼を向ける傾向、権限集中、階層組織、時間の掛かりすぎる意思決定、政治的動き等を減らしていくことが求められる。ここですぐれたビジョン、さらにそのビジョンを下支えする戦略では、これらの現実が理性的に判断され、反映されなければならない。

産業全体が、過去二十年間に成長し、その結果各企業がこれらの問題に取り組むことを支援してきた。戦略コンサルタントたちは、さまざまな分野、とくにマーケットおよび競合状況についてのデータを収集し、企業がどのような製品を生産し、いかにこれらの製品を製造すべきかといった基本的選択を進める際に企業を援助している。しかしこれらのコンサルティング企業が急激な成長を示している事実は、企業が歴史的遺物を捨て、新しい戦略を形成し、その実現可能性を評価することに大きな困難を覚えていることを物語っているとも言える。

ビジョンの焦点、柔軟性、コミュニケーションの容易さ

すぐれたビジョンは、従業員のアクションを効果的に導くために、つねに明確に焦点を定めている。つまりどのアクションが重要で、何が重要でないかを提示する。曖昧な方向しか示されないと、人材は自分の行動をビジョンと関連づけて考えることができない。したがって、「偉大な企業に成長する」、ないしはもう少し具体的な「テレコミュニケーション産業で最高の企業に変身する」といった表現は、すぐれたビジョンとは認めがたい。このどちらの表現にも、「どんな点で最高に到達するのか」という点が明記されていない。社員食堂の食事でベストになるのか、社員用駐車場でベストになるのか？

しかしわれわれはときにあまりに詳細にビジョンを限定してしまう傾向を持つ。しかしすぐれたビジョンは、個人の自発的行動を許容し、変化する状況に対応する柔軟性を備えているべきである。長文で、詳細に記載された記述は、拘束衣のように感じられるだけでなく、急速に変化を続ける環境においてはすぐに時代遅れになってしまう。同時に、常に修正され続けているビジョンも人々の信頼を失う。

このあまりに曖昧な記述とあまりに厳密な記述の両極端の間には、さまざまな段階が存在する。どの程度の詳しさを選ぶかという点では、成功を収める変革を推進している経営幹部は、その基準として、コミュニケーションの容易さを選ぶことが多い。つまりいかに理想的に、焦点を定め

て、実現可能性を述べた将来像であっても、その将来像を人々に伝えていくことが不可能なほどに複雑に書かれている場合には、全く役に立たない。ここで理解すべき点は、すぐれたアイディアを得たときに、無言を保つべきだ、ということではない。しかし次章で紹介するように、きわめて簡明なビジョンといえども、それを多くの人材に伝えることはきわめて難しい。その意味で簡明な表現がもっとも大切なのである。

すぐれたビジョンとおそまつなビジョン

どういう理由からか、必要とされる変革を促すビジョンよりも、変革を全く促さないビジョンを書くことのほうが容易である。たとえば、次のような例が紹介できる。

(一) 「一株当たり利益を一五％増やす」という記述はすぐれたビジョンとは言えない。私自身が過去多数の企業で見てきたように、このような財務上のゴールは、一部の人たちにとっては望ましいものとは認められず、一部の人たちにとっては達成可能、とは判断されない。またこの種のゴールは、そのビジョンを達成するためにどんな行動が要求されるのかについて何のヒントも与えてくれない。

(二) すぐれたビジョンを生みだすということは、品質向上プログラムについて十センチに及ぶ冊子を生みだすことではない。八〇〇ページを読まされたら、だれでもやる気を燃やすどころかやる気を失いがちになる。

(三) すぐれたビジョンは、耳にここちよい、価値観をきわめて曖昧に羅列したものではない(たとえば、われわれは一貫性、安全な製品、クリーンな環境、良好な労使関係を尊重する、といった記述)。このような羅列リストによっては、決して明確な方向を示さないし、極端な理想主義者を除いてはいずれの人物もこれによって動機づけられることはあり得ない。

それでは、どのようなビジョンがすぐれたビジョンになり得るのか。あるアメリカの保険会社の経営陣は、次のような考え方が企業の変革の推進に貢献すると信じている。

「十年以内にこの業界で世界のリーダーになることがわが社のゴールである。われわれがリーダーシップについて語るとき、リーダーシップの発揮は、さらに大きな売上げと利益、またわが社の顧客のニーズに応えるさらなる革新、さらに従業員にとって他社に較べて、働くことにもっとも魅力を感じる企業となることを意味する。この野心的な目標を達成するためには、毎年、売上げと利益において二桁の成長が要求されることになるだろう。また、わが社がさらにアメリカ中心の傾向を弱め、さらに焦点を絞り込み、官僚主義を著しく減少させ、単に製品を提供する企業から、すぐれたサービスを提供する企業に変身することが求められる。われわれ全員が協力してこれらの挑戦に取り組めば、このような変革を必ず達成できると確信している。またその過程で、わが社の株主、顧客、従業員、地域社会によって尊重される企業に成長し得ると確信している」。

このような信念の表明の記述に触れると、われわれは、このような記述は何ごとも具体的に語っておらず、単なる希望的観測を述べているにすぎない、と解釈しがちである。しかしこの記述をもう一度読み直すと、この記述には豊富な情報が含まれていることが理解できる。たしかにこの記述は、詳細な指示書とは程遠いが、経営が焦点を絞って目指している点が述べられている。すなわち、㈠数多くの可能性を除外している（たとえば、コングロマリット企業にはならない、アメリカにだけ眼を向けた企業にはならない、従業員に犠牲を強いない）、㈡変革が必要とされる領域を具体的に指摘している（たとえば、製品中心からサービス指向の企業文化へ）、㈢明確な目標を述べている（十年以内に業界でナンバーワン企業になる）。また、企業が達成を望んでいる姿もはっきり述べられている（「株主等に尊重される企業」）。さらに、百語程度にまとめられているので、関係者にコミュニケートすることも容易である。

この記述をやや詳しく説明した文書も三ページにまとめられたが、この文書では、戦略について議論を展開することによって、より具体的に実現可能性について論議している。しかし三ページに盛られた内容であっても五分以内に伝達可能である。ここで学ぶべき教訓。「あなたが自分のビジョンを五分以内で伝達できず、ほかの人たちの関心を引くこともできない場合には、変革のこの第三段階にもっと時間を掛けて作業を続ける必要がある」

もう一つの例を紹介しよう。ここでは、もう少し具体的に一つのプロジェクトに焦点を絞っている。

「わが部門のリエンジニアリングのプロジェクトを支えるビジョンはきわめて明解である。われわれはコストを三十%削減し、顧客の要求に応えるための新製品開発に掛ける時間を少なくとも四十%短縮してスピードを増したい。これらはたしかに挑戦的ゴールである。しかしオースチン工場でのパイロットテストの結果によれば、もし全社一丸となって取り組めば、十分に達成可能なゴールである。このプロジェクトを三年以内に完了すれば、わが社は最大のライバル企業を追い越し、さまざまな利益を享受できる。つまり、顧客満足の向上、売上げの伸び率の向上、雇用の安定、さらに偉大な成功から生まれるプライド（達成感）である」。

ここに紹介した二例に見られるように、私が見てきた変革推進のためのすぐれたビジョンには、次のような特徴が備わっている。

(一) これらのビジョンには大きな挑戦が含まれ、人材を慣れ親しんだ日常業務から離脱させる力を発揮する。五％の向上はいまやゴールとはなり得ない。いずれかの分野でベストとなることがゴールとなる。

(二) これらのビジョンでは、いままでよりもかなり低いコストで、さらに向上した製品やサービスを提供する、その結果顧客や株主により大きな満足を与える、ということが目標に選ばれている。

(三) ビジョンは、環境における基本的変化のトレンド、とくにグローバル化と新技術のトレンドが敏感に取り入れられている。

(四) だれかに犠牲を強いるプランは含まれておらず、その結果ある種の倫理的パワーを備えている。

ビジョンを作る

私自身過去十年間にわたり、十二社で変革のための効果的なビジョンを作り上げようとしたプロセスを身近に観察してきた。この経験から次の結論を導きだした。すなわち、「すぐれたビジョンを生みだす作業は、頭脳と心の両方を投入することが求められ、その作業には長い時間が掛かり、多くの人々の参画が必要とされ、かつ見事に完遂するためには大きな困難が伴う」。

最初の原案は一人の人物から提案されることが多い。このような人物は、自ら納得でき、さらに自らを鼓舞するようなアイディアを導く基礎となる、自分自身の過去の経験と価値観にもとづいてその種のアイディアを生みだす。さらに成功を収めた変革の試みにおいては、このアイディアが、変革を推進する連帯チームによって長い期間を掛けて議論、検討される。この種の議論を通じ、原案に必要な修正が行なわれる。たとえば一部を落として新たな要素を付け加えたり、記述をより明確な形に直したりする。一部の企業でこの作業を、公式的なプランニングのシステムで展開されるような厳格なプロセスに沿って進めたケースを見てきたが、この形式は成果に結びつかなかったようである。実際にビジョンを作り上げるプロセスは、つねに混乱が伴い、困難で、ときには関係者に心理的負担をもたらすプロセスなのである。

ここで典型的な例を紹介しよう。ある中規模の小売販売企業の社長が、人事部門と戦略企画部門の副社長に対し、彼のアイディアにもとづいてビジョンの原案を書くように依頼した。この原案は、ストレスに満ちた、二日間の社外で開催された経営会議で、中心課題として討議にかけられた。この会議の半ばで、この会議がさんさんと太陽のふりそそぐ美しいリゾートで開かれていたにもかかわらず、出席者の大半は、二フィートの雪に覆われた本社に戻りたいと願っていた。社長ですらそう願っていたかも知れない。ここで発生した問題は、このビジョンの原案が、経営委員会のメンバーが互いに相いれない見解を抱いている事実をあばき出したからである。さらに、ある一人の人物を不安に追いやってしまった。というのは、この原案によれば、将来彼の部門の存在意義が危うくなると述べられていたからである。また、少なくとも二人のメンバーにとっては、提案された変革プロセスがあまりに曖昧で、ぜい弱なものと映った。今日になって振り返れば、この企業の経営幹部たちのほとんどは、この会議とその議論に価値があったと認めるに違いない。しかしこの会議が開かれた時点では、会議は決して楽しいものではなかった。

この社長は、メンバー間に対立が生じたあとも、ビジョンを断念することはせず、おだやかながら、なお力強く変革ビジョンを推進した。彼は他人を配慮する対人関係能力を駆使しながら、プレッシャーを許容レベル以内に保ち続けた。彼が変革の最初の二段階をスキップしていたとしたら、この会議は破綻をきたしていたに違いない。しかし、それまでに危機意識を盛り上げ、メンバー間に相互信頼と卓越した成果に対する全員の参加意欲を築いてきたので、グループは、困難な課題を解決しながら、修正を加えたビジョンの記述に対して一応の合意に達することができた。

この会議の結果に、スタッフによる作業も加味して、社長自らが二番目の案を書き上げた。この案を巡っては、連帯チームがさらに六カ月を掛けて検討を重ねた。そのあと社長はこの案を社内に発表したが、その後の四年間では、二度にわたり、小さな修正を加えるにとどまった。

ビジョン形成は、少なくとも次の五つの理由から困難にぶつかる（図5–4）。第一に、われわれはこれまで、有能な人材をリーダーあるいはリーダーとマネジャー両者の資質を備えた人材ではなく、マネジャーの能力を主眼として育成してきた。しかしビジョンというものは残念ながら

図5-4 すぐれたビジョンを生みだす

✔最初のドラフト	ビジョンを生みだすプロセスは、ある個人が、自分自身の夢と現実のマーケットに存在するニーズを考慮して、それらを記述することからはじまることが多い
✔変革推進のための連帯チームの役割	最初のドラフトは、変革推進を担う連帯チームのメンバー、さらにそれを支援する人々のグループによって支持される
✔チームワークの重要性	すぐれたチームワークの存在しないところでは、グループによるプロセスは効果的に機能しない
✔理性と感情の果たす役割	論理的思考と夢を追求する行動の両方がこのプロセスを通じて不可欠の役割を果たす
✔プロセスに伴う混乱	ビジョンを生みだす際には、二歩前進、一歩後退、左を目指し、右に方向変換するプロセスを繰り返す
✔時間枠	ビジョンがたった一回の会議で生みだされることはあり得ない。何カ月、ときによっては何年も掛かる
✔最終の姿	このプロセスを完遂することによって、実現が期待され、実現可能であり、明確に方向を示し、柔軟で、5分以内でコミュニケート可能な将来の方向が描きだされる

成功を収めるマネジメントの機能には含まれていない。マネジメントにとって、ビジョン形成に当たる作業はプランニングである。有能なマネジャーに、彼にとってビジョンは何かと尋ねると、ほとんどのケースで経営プランに関連する答が返ってくる。たとえば、六月までに新製品を売りだす、九月までに何人かの新入社員を採用する、本年度は税引き後利益何百万ドルを達成する、といった答えである。しかしプランによっては、ビジョンが達成するようには、人材の行動に方向を示し、行動をまとめ上げ、行動を鼓舞することはできない。したがって変革の推進

にはきわめて不十分となる。変化のゆっくりした過去の環境では、リーダーシップ発揮の活動を人材に教える必要がなかったために、とくにその教育に取り組んでこなかった。この過去がいま実害をもたらしているのである。

第二に、すぐれたビジョンはたしかにエレガントに簡潔にまとめられているけれども、そのビジョンを生む際に要求されるデータとデータ整理は決して生易しい作業ではない。将来の方向を示す一ページのビジョンを生むために、三メートルに及ぶペーパー、リポート、財務データ、統計が必要となることもある。また集めた情報の分析は、スーパーコンピューターにまかせられる類の作業ではない。

第三に、ビジョン形成には、頭脳と心の両面の投入が求められる。われわれは十七年以上の教育を通じて、頭脳を使うことは学んでいても、心を使うことは学んできていない。しかしすぐれたビジョンは、健全な分析的な思考とともに、思慮深い価値観に根ざしていなければならない。しかもこの価値観は、変革を推進する連帯チームを構成する経営幹部によって、深く共感されたものでなければならない。ということは、ビジョン形成は、環境に内在する機会や企業の保持する能力を評価する戦略形成にとどまらないのである。ビジョン形成のプロセスでは自分自身の内部にはいり込んでいくことが要求される。つまり、一体自分はだれなのか、自分は何に愛着を感じているのか、といった側面である。したがって、ビジョン形成の作業は、一般的に言って個々人に十分な満足をもたらすものになり得ても、あまり内省的でなく、自分についての自覚が不足している人たちにとっては、このプロセスが困難で、不安を生む作業ともなり得るのである。

第四に、連帯チームにチームワークが生みだされていない状態では、派閥意識が優勢となり、ビジョン形成のプロセスを果てしない交渉の場に導いてしまう。私自身、あるコンピューター企業の経営幹部がフラストレーションをつのらせていたケースを見聞した。彼らは二年間にわたり、変革のためのビジョンの基本的部分について合意に達しようと努力してきた。フォーマルな会議、さらにその間に続けられる、もっとインフォーマルな一対一の話し合いに費やされた時間は驚くほどの長さであったにもかかわず、彼らは当初の目的、つまり、彼らがコミットできる、納得性の高いビジョンを生みだすという目的が達成できなかった。このケースでの最大の問題は、メンバーの大多数がこのゴールを達成しようと努力しなかったのである。むしろメンバー各人は、自分の属するサブグループの狭い範囲に限定された、グループの利益を守ろうとやっきになっていた。

第五に、危機意識が十分に高まっていない状況では、ビジョン形成のプロセスを完了するために必要とされる十分な時間が確保できない。あるいは会議を開くことが困難になる。会議の間に進められる作業もスローダウンする。この状態に気付くまでに、またたく間に一年が経過するが、何ごとも達成されない。何らかの実績を生みださなければならないというプレッシャーが高まり、全く理想とは程遠いビジョンが採択され、それに沿って行動が進められる。このような状況では、採択されたビジョンは、現状にわずかな要素を加えたもの、ないしは連帯チームの大部分の人たちが本当には納得していない漠然とした記述にとどまる。あまり適切とはいえないビジョン、挑戦を含まないビジョン、あるいはまわりから十分に支持されていないビジョンは、後になって変革の試みを破滅させることが多い。

ビジョン形成に伴って不安と対立が大きくなると、このプロセスが機が熟さないうちに打ち切られてしまうことも多い。連帯チームのメンバーたちが、考え、感じ、議論し、内省する十分な時間が持てないうちに、このビジョンは、壁に掛けられる額に刻み込まれるか、あるいは透明なプラスチックに収められる。このような事態が発生すると、変革は必ず停滞する。

ここで、「おそまつなビジョンは、全くビジョンが存在しない場合より悪影響を及ぼす」という事実を記憶しておこう。おそまつなビジョンを追求する場合、みんなが崖からころげ落ちてしまう可能性も伴う。また真のコミットメント（参加意欲）でなく単なる口先だけの約束は、ある種の幻想を生みだしてしまう。人々が確固とした地盤のうえに建物を建設していると考えていても、実はその基盤が崩れはじめ、それまでの仕事が全く無駄になってしまう。このいずれのケースでも、問題は、ビジョン形成のプロセスを機の熟さないうちに打ち切ったことから生じている、ということに気付くと、従業員たちは、変革そのものについてきわめて懐疑的になる。変革に疑問を抱く人たちが多数である状況では、変革が成功するはずもない。

この考えは前にも述べたが、もう一度繰り返す価値があるだろう。つまり、変革プロセスに含まれる八段階のうち、たった一つの段階でも未完成のうちに打ち切った場合、あとになって高価な代償を払うことになる、という点である。強固な地盤が築かれていない場合には、変革はいずれ破綻をきたす。そのようなときには、またスタートに戻ってやり直さなければならない。ビジョンと戦略を作る第三段階では、このプロセスを正しく進行させるためには十分な時間を掛けるべきであるということを意味する。この作業を、すぐれた未来を築くための重要な投資と認識することをお勧めする。

第六章

ビジョンを周知徹底する

卓越したビジョンは、たとえそれがわずかな重要人物たちに理解されているだけでも効果がある。しかしビジョンに伴う真のパワーは、企業とその活動に従事しているほとんどの人たちが、ビジョンに示された目標と方向について共通の理解を持ったときに、さらに効果的に発揮される。将来のあるべき姿を共有することによって、変革を生みだすために必要とされる行動が喚起され、かつ統合されることとなる。

新しい方向に対する人々の理解と貢献意欲を引きだすことは、とくに大企業においては達成しやすい作業とは言い難い。有能な人材でも始終間違いを犯すし、明らかな失敗に終わることも珍しくない。この種の失敗は、知名度の高い企業でも起こってくる。経営管理者たちからのコミュニケーションが大幅に不足する、あるいは、経営管理者から首尾一貫しないメッセージが伝わる、いずれの場合でも、生じてくる結果に変わりはなく、変革の努力が停滞してしまう。

コミュニケーションの失敗例

テレコミュニケーション・ビジネスを展開する、ある事業部門のトップは、自分のグループが、昨年変革のためのビジョンを生みだし、そのビジョンを広い範囲の人々にコミュニケートするために多大の時間を費やしたと主張している。しかし組織の何段階か下の人たちは、「ビジョン？一体どんなビジョンですか」と述べている。もう少しこの事情を分析すると、このギャップが生まれて当然だ、という事情が判明する。経営幹部たちは、彼らがビジョンのコミュニケーションに必要だと感じている努力に多くの時間を割いてきた。彼らは、その年度の戦略策定ミーティングでもこの議題を取り上げて、彼らの貴重な時間を割いてきた。また社内報でも、三、四回、このテーマについて特集を組んでいる。一人の経営幹部は、従業員に説明するためのビデオの作成を援助するために、多大の時間を費やした。さらにこの課題は、経営会議で、少なくとも十二回は議題として討論されてきた。ここで第一線管理者たちにこの事情をもう少し詳しく尋ねてみると、彼らは、そのテーマについて何らかは聞いたことがあると認めはじめる。しかし実際には、彼らは新しいビジョンについてほとんど理解していない。というのは、彼らに情報の洪水が押し寄せていながら、新しいビジョンについての情報はそのほんの一部を占めていたにすぎなかったからである。「たしか顧客とパートナーシップ（協力）についてでしたっけ」といった反応がでてくる。彼らのなかで、もっとはっきり物を言う人たちは、「結局、口先だけのメッセージにすぎないのですよ。この新しいビジョンが発表されて二週間もたたないうちに、そのメッセージとは全く合致しない行動を続けている無能な人物が昇進したんですよ」と訴えた。

もう一つの実例。こちらも望ましくない結果を生んだケースであるが、どの企業でも起こりやすい事例である。つまり、ビジョンが頻繁に伝えられながら、その伝達方法が望ましくない方法であった例である。「わが社のゴールは、統合を目指すコミュニケーションおよび情報産業にあって、国境を越えた企業に成長し、パラダイムシフト戦略を成功させるために、わが社が変革を成し遂げる最初の企業となる、というものである」というビジョンが発表された。たしかにこの声明は途方もないもののように響くけれども、その内容には耳を傾けるべきアイディアも含まれている。しかしこの声明をコミュニケーションの手段として評価すると、たとえ何回も繰り返して伝えられたとしても、全く成果が期待できないおそまつなメッセージと言わざるを得ない。

ではなぜこのような状況が生まれるのだろうか。この問題は、変革に要求される最初の三段階での不徹底さが原因であることが多い。つまり、危機意識が高くない状況では、人々は新しいビジョンに熱心に耳を傾けない。さらに変革のための連帯チームに適切な人材が属していない場合、このチームが適切なメッセージを生み、人々に広く伝えていくことが困難となる。あるいは、ビジョンそのものが曖昧であったり、間違ったアイディアにもとづいて作られているケースでは、そのおそまつなビジョンを売り込むことが至難の業となる。たとえ、変革に含まれる最初の三段階が見事に処理された場合であっても、人材は、その課題から生じる圧倒的な要求に接して、多大な困難を感じてしまう。すなわち、何百人、何千人、何万人の人材によって、具体的なビジョンが理解され、承認されるレベルに達するためには、多くのチャレンジを含む努力が要求されるからである。

これまでマネジャー（経営管理者）になるべく訓練されてきた人材にとっては、ビジョンを伝えることは困難な課題となる。マネジャーは、直属の部下、直属の上司の範囲で考えることに慣れており、ビジョンを承認してもらう必要のある、もっと広範な企業支援者を対象として思考を進めることには慣れていないのである。言い換えると、彼らは将来を視野にとらえた戦略形成やビジョン形成についてのコミュニケーションではなく、日常的に発生している事実のコミュニケーションに慣れ切っているのである。もちろん彼らも、ビジョンのコミュニケーションの仕方を学習することは可能である。しかしそのためには、多大の時間と労力が要求される。とりわけ、何が問題で、どうやって問題を解決するかについての鋭い感覚が要求されるのである。

コミュニケーションの難しさ

ビジョンのコミュニケーションが失敗に終わる要因としては、組織下部に属する従業員がそのビジョンを理解する知的能力を十分に備えていない、あるいは人々がもともと変革に抵抗を示すことから、変革に関する情報を承認しない、という点が指摘できる。たしかにこれらの要因は妥当なものと解釈できるのだが、このいずれももっとも基本的な問題を解決する要因とはなり得ない。

変革のためのビジョンを生みだすために、変革を推進する連帯チームが、情報を集め、分析し、さまざまな案を考え、最後に最善案を選択するまでに、それこそ何百時間を費やすことも珍しくない。私自身、この作業に参画した経営幹部たちが、長い期間にわたり作業に取り組んだあと、彼らのビジョンの最終案を明確に記述する局面で大きな困難にぶつかったケースをたびたび見てきた。これらの経営幹部が頭がよくなかったのか？　決してそうではなかった。変革に抵抗を感じていたのか？　たしかにある程度の抵抗を感じていただろう。しかし私は、ここでの根本的な問題は、ビジョン形成のプロセスに本来備わっている困難さに原因があると考えている。

将来に向けてのビジョンを承認することは、理性的にも感性的にも挑戦を含む課題となる。人々の心には、きわめてたくさんの疑問が生じる。このビジョンは私自身にどんな意味を持つのか？　私の同輩に対しては？　私の企業に対しては？　どのような代替案が存在するのか？　ほかにもっとすぐれたオプションはないのか？　私のいままでのやり方を改めればビジョンは達成できるのか？　ビジョン達成の過程で自己犠牲を強いられるのか？　この自己犠牲について私はどのように考えればよいのか？　将来の方向について説明を受けた考えを本当に信じてよいのか？　だれかが巧妙なゲームを仕掛けているのではないのか、つまり私を利用してだれかが漁夫の利を得ようとしているのではないのか？

ビジョン形成がこれほどまでに大きな挑戦を含む大作業であることの理由の一つは、まず変革を推進する連帯チームに所属する人たちが、自分たちの抱く疑問に対して答えをだしていくことが求められており、そのために多大の時間とコミュニケーションが要求されるという点である。この作業のうちの純粋な知的作業そのものもかなり困難な作業となるが（この一部は戦略コンサルタントからの支援によって達成される）、この作業は全体的作業の小規模な作業にしかすぎないのである。人々の感情面に取り組む作業はさらに困難なものとなる。つまり現状を脱却し、将来に対するさまざまな選択肢から最善のものを選び、自己犠牲の側面を理解し、他の人たちを信用することが求められる。しかし連帯チームのメンバーがこのきわめて困難な作業を無事に経過したとしても、彼らは、企業に属するほかの人たちが、彼らの作り上げたビジョンをほんの短い期間内に明確に理解し、受け入れてくれると期待してしまうという問題が発生する。そこで、きわめて多量の情報が、通常のコミュニケーションのチャネルを通じて伝えられるが、そこではビジョンはまたたく間にほかの情報によって薄められ、眼に見えにくいものとなり、忘れ去られて

図6-1　ビジョンをコミュニケートすることに失敗する——変革ビジョンはなぜやみに消えてしまうのか

1 3カ月間に一人の従業員に届くコミュニケーションの総量＝2,300,000のワード

2 3カ月間に、変革ビジョンのコミュニケーションに費やされる量＝13,400のワード（つまり、30分間のスピーチ、1時間のミーティング、社内報の600ワードを盛り込んだ記事、2,000ワードを含んだ文書の総計）

3 13,400を2,300,000で割り算すると、0.58％。すなわち、変革ビジョンのコミュニケーションには、コミュニケーション総量のたった0.58％しか費やされていないこととなる。

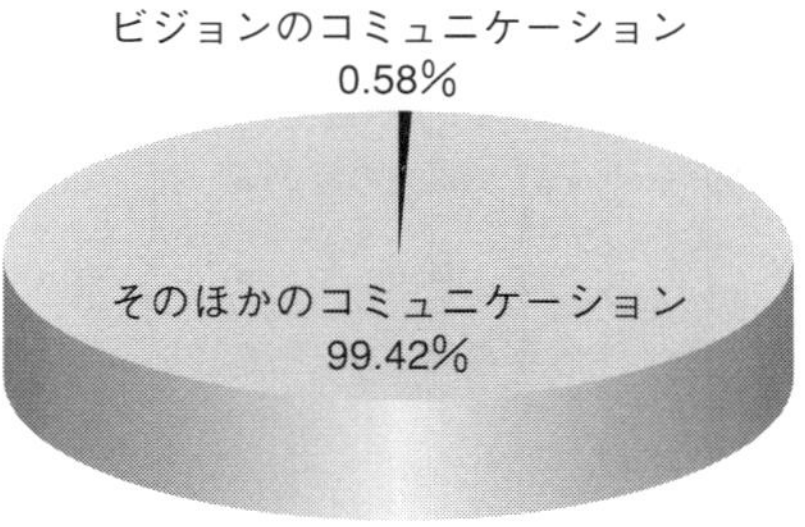

しまいがちである（図6−1）。

　では頭のよい人たちがどうしてこのような行動に走るのだろうか。この一つの理由は、古い体質のマネジャーの示すごう慢な態度に求められる。「私は経営者であり、諸君は労働者だ。君たちにはとても理解できるはずがない」といった態度である。しかしさらに大きな問題はマネジャーたちは実際的な方法を発見できないので、コミュニケーションそのものを避けようとしてしまうのである。ここで、連帯チームが取り組んだと同様な作業に一万人の従業員に取り組んでもらうことができるだろうか。それは無理な注文である。

図6-2	変革ビジョンを効果的にコミュニケートしていくための要件
✔簡明さ	専門用語、技術的専門言語の使用は極力避ける
✔比喩、たとえ、実例	眼に見える姿を示すことは千の言葉に勝る
✔さまざまな形のコミュニケーションの手段を活用する	大規模なミーティング、小規模なミーティング、メモと社内報、公式、非公式の会話といったあらゆる機会をとらえてコミュニケートすることによって、効果的にビジョンを伝えていくことができる
✔繰り返して伝える	何度も耳にして、やっとアイディアが人々の心に深く浸透する
✔リーダーが規範を示す	経営幹部がビジョンと相反する行動を示すことによって、ほかのコミュニケーション手段を通じて伝えられたメッセージが決定的に信頼を失うこととなる
✔言行不一致への対応	経営幹部の言行不一致を問題として取り上げない場合にはすべてのコミュニケーションの努力が水泡に帰す
✔双方向のコミュニケーション	双方向のコミュニケーションは、一方通行のコミュニケーションに比べて、つねに大きな成果を生む

　この作業に伴う巨大な要求にわれわれは圧倒されてしまう。ここでも、連帯チームがビジョン形成に百五十時間費やし、その二十%がコミュニケーションに費やされたと仮定すると、三十時間が従業員とのコミュニケーションに費やされることになる。さらにこの作業が一万人の従業員を対象に進められたとすると、従業員一人当たり一時間の人件費（給与と福祉費用を含めて）が二十ドルと仮定すれば、二十ドルかける三十時間かける一万人、で総額六百万ドルのコストを生む。どの企業もこの目的に六百万ドルを計上する資力は備えていない。

　ではどのようにこの問題に対処す

べきなのか？　成功を収める変革のこの第四段階では、次に述べる七つの要件が効果をもたらすという事実が指摘できる（図6―2）。

ビジョンを明確に記述する

ビジョンを効果的にコミュニケートするために必要とされる時間と労力は、そのメッセージの明確さと簡明さによって大きく左右される。焦点を絞った、専門用語を極力避けた情報は、効果的に整理されていない、複雑怪奇なコミュニケーションに掛かるコストに比べて、少額のコストで、数多くの人々に伝達が可能となる。難しい技術用語やＭＢＡ的表現（経営学の難しい用語を使った表現）では、情報がスムーズに流れず、混乱、疑惑、疎外感を生む。コミュニケーションは、エレガントと呼べるほどに直截的に、簡潔に述べられている場合に、もっともすぐれた効果を生む。

簡明で、直截的なコミュニケーションを進める際には、その考えを明確に表現することと相当の勇気をもってコミュニケーションを進めることが重要だ。ここで「私にもっと時間的に余裕があればさらに簡潔な手紙を書くことができる」という古い諺を思いだして頂きたい。つまり、きわめてこみいった、たくさんの言葉を並べることよりは、明確に、簡明に表現することのほうがよほど難しいのである。簡明に表現するということは決して人をあざむくということではない。この際、技術用語を多用する行為は鎧を着て自己を守る行為と言わざるを得ない。もしそのアイディアがおそまつなものであれば、人々はその点に早晩気づく。鎧を脱ぐことによって危険に身をさらすことになるので、われわれは技術用語といった鎧をなかなか捨て切れないのである。

いくつかの例を紹介しよう。

表現その一　「わが社のゴールは、修理に要する平均時間を、米国の内外に存在するわれわれの競合企業に比べて、眼に見えるレベルにまで減少させることである。同様に、新製品開発に要する時間、注文処理時間、さらにこのほかの変革に伴うプロセスに要する時間を短縮することも目標としている。」

表現その二　「われわれは、顧客ニーズを満足させるために業界のどの企業よりも迅速なサービスを提供する。」

専門職は例外なく、特殊な専門用語を生みだす。ひとつには、適切な言葉が存在しないために、必要に迫られて専門用語を生みだすこともあるが、もう一方では自分たちをほかの人たちから区別するために専門用語を生みだすのである。専門職が自分の分野の専門職と会話するときには、特殊な専門用語を使うことが便宜である。しかし、専門外の人たちと話すときには、他の専門職には通用する表現も混乱を生む原因となる。今日の企業には、さまざまな専門分野に属する従業員や企業支援者、たとえば顧客や供給企業等が存在することから（機械工学エンジニア、経理担当、市場調査担当、管理職等）、専門用語が使われたときにも、一部の人たちはその内容を理解でき、自分も仲間にはいっていると感じることができる。しかし残りの大部分の人たちは、混乱したり、無視されたと感じてしまう。ということは、変革推進にあたり広範囲の人々にコミュニケートする場合には、専門用語は極力避けるという工夫が不可欠となる。もちろん経理担当がほかの経理担当に話すときにはこの限りではない。

ほかの二例を紹介しよう。

表現その一　「権限委譲のプロセスを通じて、われわれの顧客の示す個別のニーズにさらにすぐれたサービスを提供するために、第一線の従業員に権限委譲によってエンパワーメントを図っていく」。

表現その二　「われわれはルールブックの一部を撤廃して、従業員がわれわれの顧客に適切なサービスができるように、もっと大きな自由裁量を認める」。

比喩、たとえ、実例を活用する

私自身「わが社はあまりに大規模で、複雑をきわめているために、意義深いビジョンを簡単な言葉で短期間にコミュニケートすることは不可能だ」という発言に何度も遭遇した。しかしこの種の発言をした人たちは、比喩、たとえ、実例に備わるパワー、あるいはこみ入ったアイディアを、迅速に、効果的にコミュニケートする平易で、かつ多彩な言葉に伴う表現力を理解していない。

たとえば、次の例を見てみよう。

表現その一　「われわれは、競争の激しい、厳しさを増すビジネス環境において顧客を確保し、さらに新規に顧客を獲得していくためにも、わが社の規模の経済性から生じている優位性を保ちつつ、一方で官僚主義を排し、意思決定の遅い点を改めていく必要がある。」

表現その二　「わが社は象であることをやめ、顧客重視のティラノサウルス（肉食恐竜）になろう。」

たしかに猛々しい恐竜のイメージは唐突に響くかも知れない。しかしこの言葉を選んだエレクトロニクス企業では、このアイティアによって多くの重要な情報を効果的にコミュニケートできたのである。この産業では新たな競争が巻き起こっていた。小規模な企業が毎月倒産し、大規模企業も赤字を発生させていた。このティラノサウルス企業は、生存を続けるためにはさらに攻撃的に経営を進める必要を感じていた。まず虎のイメージを思い浮かべたが、納得できるイメージを伝えるためにはこの企業の規模が大き過ぎると考えられた。さらに、この企業が顧客サービスにおいてさらに迅速で、積極的に変身できれば、企業規模が大きいことが優位性を生むと考えられた。その結果、ティラノサウルスという恐竜のイメージにたどりついたのである。

この企業の経営陣と従業員の大部分が象のイメージを好み、恐竜のイメージを嫌った場合には、このコミュニケーションは失敗に終わったはずである。ところが現実はそうではなかった。従業員は、言葉では説明しにくい感情のレベルで、むしろこの恐竜のイメージに共感したのである。またこのイメージは、変革に対して彼らが抱いていた懸念を明確に表明する点でも効果的であった。

もう一つの例を紹介しよう。

表現その一　「わが社は、特別な顧客層、すなわちほかとは一線を画した、プレステージの高い顧客に受け入れられる製品をもっとたくさん開発し、製造したいと願っている。このような製品は、当然、価格もマージンも高いレベルに設定可能である。」

表現その二　「わが社は、フィアットよりはベンツのような製品の製造にまい進する」

この例でも、従業員がベンツよりもフィアットを好んでいる場合には、このコミュニケーションは失敗に終わる。またこの企業がアジアの山奥に存在し、従業員たちがこのどちらの乗用車も見たことがない場合には、このメッセージも全く意味をなさない。実際にはこの企業は、これらのいずれのケースにも当てはまらなかった。この簡明で短い声明は、従業員の感情に強く迫る、豊富な情報を従業員に伝えるものとなった。

熟慮のうえ選ばれた言葉は、人々の関心を引こうとする他の多くのコミュニケーションと競り合いになった場合にも、きわめて印象の強いメッセージを伝えることができる。才能豊かな広告担当者は、このような言葉やイメージを生むことに秀でている。しかしエンジニアリング、経済学、物理学、財務等を専攻した人たちは一般にこの方面の才能に恵まれているとは言い難い。とはいえ、自分にその方面の才能が乏しければ、才能に恵まれた人材を活用すればよい。また、私の経験から言っても、われわれ自身も努力次第で、自分のアイディアをさらに創造性豊かに他人に伝える方法を考えだすことができるようになるのである。

各種のコミュニケーション形式を活用する

ビジョンは、数多くの方法を通じて伝えられたときに、もっとも効果的に人々にコミュニケートされる。すなわち、大規模なグループに対する説明会、メモ、社内報、ポスター、一対一の対話といった方法を通じたコミュニケーション手段がそれに当たる。たとえば同一のメッセージが人々に六通りの別々の方法で伝えられたときには、その理性的レベルと感情的レベルの両面で、人々がそれに耳を傾け、記憶するチャンスが大幅に増大する。つまり、Aの方法で一部の人材の質問にこたえ、Bの方法でほかの人材の質問に対応するチャンスが増えるからである。

コストに敏感な人たちは、コミュニケーションは決して無料ではないと主張する。ビジョンのコミュニケーションに多額の資金を投入している企業も時に見受けられる。しかし私自身が出会った変革の成功例では、たいして意味のない情報が貴重なコミュニケーションのチャネルをふさいでしまう危険を十分に認識していた。たとえば、各年度に開催される経営会議の議題の三分の一以上は、毎年取り上げられるもののすでに意義を失っている議題、あるいは個人のエゴを満足させるだけの議題、ないしはほとんど時間の無駄に終わる議題によって占められている。社内報においても、埋め草的記事、だれかのエゴを満足させるためだけの記事、あるいはかつてのプラウダの編集者をも赤面させるような教宣記事によって埋められている。また毎日進められる一対一の会話の少なくとも一〇%の時間は、昨日のバスケットの結果、新しい映画、ゴルフの論議に費やされる。したがって、この種の話題を少しでも減らせば、全く余分の費用を掛けずに、重要な情報の伝達のために十分な時間を生みだすことが可能なのである。

何度も繰り返しコミュニケートする

どのように注意深く練り上げられた声明であっても、たった一回の声明では人々の意識に深く刻み込まれることはあり得ない。われわれの心はつねにさまざまな方向に向かっている。そうした心にメッセージを刻み込むためには、ほかの幾多のアイディアに打ち勝って記憶を促す必要がある。さらに、たった一回の発表では、われわれの抱く数多くの疑問に答えることはできない。ということは、効果的に情報を伝達するためには、どうしてもその伝達を繰り返す必要がある。

次の二つのケースを考えてみよう。最初のケースでは、新しいビジョンが年次経営会議で三人の経営陣のスピーチによって紹介され、さらに社内報でもこのテーマについての記事が三回掲載され、六カ月間に都合六回繰り返して、従業員に伝えられた。第二のケースでは、その企業の二十五人の経営幹部が、新しいビジョンについて、一日に四回は日常の会話に結びつけて話をするように求められた。たとえばある経営幹部は、プランに対する月間の実績について彼の二十人の部下と一緒に検討するときに、彼はすべての意思決定は新しいビジョンに盛られた視点にもとづいて行なわれたのかを検討するように要求した。彼はこの行動を実績検討のミーティングごとに繰り返した。またもう一人の経営幹部は、部下の業績評価を進める際に、つねに推進されている大規模な変革の試みを考慮しながら評価を進めた。さらにもう一人の経営幹部は工場で質疑応答のミーティングを開くたびに、最初の質問に答える際に、「その問いに対する答えはイエスだが、なぜイエスなのかを説明しよう。われわれの変革努力を支援している新しいビジョンではそのような行動が求められているからだ」と繰り返した。その結果、二十五人の経営幹部が一日四回、六カ月にわたりビジョンを語ったことによって、総計一万二千回ビジョンが繰り返して語られた計算になる。前例の六回に較べ、一万二千回繰り返されたわけである。

大規模な変革を成功させたすべてのケースにおいては、何千回、何万回にも及ぶコミュニケーションが繰り返されたことが伺える。その結果、従業員は理性のレベルでも、感情のレベルでも理解の難しい内容を把握することが可能となったのである。しかしこれは広報部門が、「ビジョンの伝播」をプロジェクトとして取り上げたから実現したわけではない。これは数多くの管理者、第一線管理者、経営幹部が、この日常の活動を新しいビジョンのレンズを通して見直したことから実現したのである。このように行動することによって、管理者たちが変革の目指す方向について語る際の数々の効果的な方法、さらに彼らが個々人、または個々のグループにぴったり合った形でコミュニケートを進める方法を簡単に見付けることが可能になったのである。

ウイリーと彼の部下の三人はあるミーティングに向かう途中、品質向上プログラムについて解説した新しいポスターに眼をとめた。ウイリーはこのポスターを指さし、三人に尋ねた。「君たちはどう考える。このポスターはメッセージを十分に伝えているだろうか。君たちにはどんな意味を伝えているだろうか？」。フランシスとその十五人の部下たちが会議に参加し、予算要求に関する提案に耳を傾けていた。そのプレゼンテーションが終わると、彼女はこう尋ねた。「この提案は私たちの進めているリエンジニアリングのプロジェクトとどのような関連があるのかしら。私が理解している限りでは、わが社のビジョンではこのような提案では次のようなことが求められていると考えているのだけれども」。トッドは食堂に集まった二百人余りの従業員と質疑応答を進めていた。参加者の一人が、「これまで採用してきた従業員の数をさらに増やすのでしょうか」と尋ねた。これに対するトッドの答えは、「われわれがこのビジョンの実現に成功した暁には、その質問に対する答えはイエスでしょう。このビジョンをみなさんは明確に理解していますか。納得がいくものですか」というものであった。

一言、二言でもビジョンについて語る。会議の途中で二分間、会議の終わりに五分間、スピーチのなかで三回、ビジョンについて語る。このように短い時間でビジョンを伝える努力が積もり積もると、大変な量の効果的なコミュニケーションが実現する。このようなコミュニケーションこそ、人々の心をつかみ、人々に理解を促すために不可欠なものなのである。

歩きながらビジョンを伝える、あるいは模範を示す

新しい方向をコミュニケートする際に最大の効果を発揮する方法としては、行動を通じて伝える方法が挙げられる。トップの五人、あるいは五十人の経営幹部が変革ビジョンを重視していることを行動によって示せば、従業員は、社内報に何百回もそのビジョンが取り上げられる場合よりも数段徹底したレベルで、そのビジョンについて理解を深めることができる。ということは、従業員側が、トップ経営層がたしかにそのビジョンに沿って行動していることをはっきり理解すれば、ビジョンの信用にまつわる多くの疑問、ある種のゲームが進行しているのではないかという疑問がほとんど解消する。

ここで実例を紹介しよう。ある航空会社で進められた変革の試みでは、その中心的な課題は顧客サービスに関するものであった。その企業のＣＥＯは、顧客から苦情の手紙を受けとるたびに、彼自ら四十八時間以内に必ず返信を送り返していた。しばらくするうちに、ＣＥＯが必ず返信を送り返しているという事実が全社員の知るところとなった。その結果はどうであったか。ある外部のコンサルティング企業の調査によって、九十％の従業員がその企業のビジョンについて説明を求められたときに正確にそのビジョンを説明できた。さらに八十％近くの従業員が、その社の経営幹部はビジョン実現に真剣に取り組んでいると信じていると述べた事実が判明した。

もう一つの例。あるヨーロッパの大規模な製造企業では、よりフラットで、ぜい肉を落とした

組織を作ることに取り組んでいた。同時に、従業員に対し、はじめて新しい方向をコミュニケートする際に、経営者はトップ層の一つの職位レベル（上級副社長の職位）を廃止し、さらに本社スタッフの五十％を今後十八カ月に、自然減、早期退職、ジョブカットといった手段を通じて削減すると発表した。この直後、コンサルタント企業は、組織下部に属する従業員の多くが、その企業が目指している変革の方向を正しく説明できたという事実を発見している。

もう一つの例。陸軍のある将軍は、防衛予算が削減されている折から、その組織の全員がもっと経営節減に取り組まなければならないということを全員にコミュニケートしようと努力していた。そこで彼自身が出張するときには、かつてのように国防総省の脇に待ちかまえる米国陸軍のブラックホーク型ヘリコプターに飛び乗り、アンドリュース空軍基地で彼を待つ空軍の専用機C12に乗り込むことをやめ、彼はできる限り、次のような方法を取ることとした。つまり、彼は国防総省の地下に降り、ワシントン空港へは八〇セントを払って地下鉄に乗り、空港ターミナルではシャトルを使い、そして一般人と一緒に民間航空の便を使いはじめた。彼のこの行動はすぐに組織全員の知るところとなった。

このような行動は「模範を示すリーダーシップ」と呼ばれている。これは言葉は軽く、行動は重いという重要な意味が含まれている。とくに、いつも批判的な眼で物事をとらえている人たちは、言葉は信用せず、行動を見て納得する傾向が強い。

同様に、人々にあることを告げ、それと全く違った行動を取るという行為は、変革ビジョンのコミュニケーションを著しく妨害する行為となる。ある事業部のトップであるサリー・オルークは、その組織にとって「スピード」こそ規範となるべきだ、と千二百人の従業員に宣言していた。しかし彼女は、あるプロダクト・マネジャーから提案された投資計画を承認するまでに九カ月を要し、その結果、新しく、成長を遂げているマーケットで競合企業に大きなマーケットシェアを奪われる結果をまねいた。CEOであるジョン・ジョーンズは、コスト削減を全社にふれまわっていた。しかし同時に、自分のオフィスの改装に十五万ドルも支出した。上級副社長のハロルド・ローズはつねに顧客サービスの向上を口にしていたが、ある新製品に対して顧客からの苦情が相次いだ。さらにウォール・ストリート・ジャーナル誌の記者からこの件に関する質問が届くと、彼は顧客よりもその社の新製品を弁護する答えを返した。

以上を要約すると、「変革ビジョンのコミュニケーションを妨げる最大の要因は、そのビジョンと相入れない行動を経営幹部が取る場合である」。この意味合いは重大である。つまり、(一)トップ経営層が変革ビジョンを自ら実践する前にそのビジョンをほかの人材に売り込むことはきわめて難しい、(二)いかに恵まれた状況にあっても、経営陣の言行不一致を見つけだし、その問題解決に取り組んでいくためには、経営陣の実際の行動をしっかり監視していくことが重要だ、という教訓が導きだされる。

言行不一致の問題

私は最近、大規模な企業変革の一環として大幅な経費削減プロジェクトに取り組んでいる銀行を訪問した。従業員たちは当然のことながら、苦痛を感じながらこのプロジェクトに取り組んでいた。同時に経営層が経費削減に真剣に取り組んでいない兆候を従業員たちははっきり感じ取っていた。残念なことに、経営陣の言行不一致があまりにも明白なものであったからである。

この銀行では、生産性向上タスクフォースが、一日二十四時間、経費削減プロジェクトに取り組んでいた。その一方で、企業側は相も変わらず、経営陣が使用する六機のジェット機のリースを続けていた。百人規模で従業員のレイオフがあちこちで進行しているなかで、トップマネジメントは相変わらず王宮のようなオフィスに君臨していた。また経費削減のために、事業所によってはクリスマスパーティーを取り止めたにもかかわらず、このCEOはあるミーティング開催のために、役員の全員をファーストクラスでロンドンに招待した。

私が経営陣にこのような言行不一致を指摘すると、彼らは眼をむいて、きわめて防衛的な発言を繰り返した。「何を言っているんですか。壁の木材を引きはがして、本社をみじめな姿に戻せと言うのですか」、「私たちは六度も詳しい分析を繰り返して、ジェット機のリースを続けることが最善だ、という結論を出したんです。ジェット機を持たないと、遠いところへ行く手立てを失ってしまう。われわれのような多忙な人間がその貴重な時間を使って、空港に向かい、民間便を待ち、目的地に着いてローカル便に乗り換えて、さらに二時間自動車を運転したほうがよいとでも言うのですか」、「わが社のビジョンにおいてはビジネスの国際化を推進しようと言っているんです。その意味で、役員会もグローバル化しなければならないので、ロンドンで役員会を開くんです。それとも役員会は米国のことだけを考えていればよいと主張されるんですか?」。

経営幹部たちは、ジェット機、マホガニー材、海外旅行に関する防衛をしなければならなくなり、フラストレーションを募らせていた。というのはこれらの問題を解決する術を簡単には見つけだせなかったからである。彼らは従業員間の批判分子を勢いづかせたくないとは考えながらも、本社ビルを売却する、ジェット機のリースもやめる、ロンドンへは出張しない、という選択もできなかったのである。「私たちも本社ビルを売却することを検討しましたが、建物の取り壊しや移転に要する費用も巨額に昇ります。どうしたらよいのでしょう」。ほかの企業では、本社ビル、ジェット、旅行をすべてあきらめることが解決に結びつくケースもでてくるだろう。しかしこの企業の場合には、そのような方法では解決に結びつかなかったのである。そうなると、解決策としては、包みかくさないコミュニケーションを通じて、これらの問題を明確に取り上げていく方法しか残されていない。

「会社全体で必要に迫られて、厳しい経費削減に取り組んでいる現状からして、われわれのだれも、経費を無駄使いしたり、とくに不必要なぜい沢にお金を使うことは許されない。この観点から言っても、われわれ経営陣のオフィスや家具は容認しがたいものと考えている。しかし現在本社ビルを売却し、新しい質素なビルに移るためには、削減可能な経費以上の経費が掛かってしまう。もちろんわれわれは、ぜい沢の象徴をなくすために、コスト効果性の高い、実際的な方法を検討し続けることを約束する」。

正直で、包みかくしのないメッセージが、批判分子の嘲笑をあびることも多い。またほとんどの従業員が経営陣を信用していない場合には、このようなメッセージは全く無意味となる。しかし自分の企業を信じたいと願っている人材は、このような率直なコミュニケーションを高く評価する。経営に対する信用と信頼が増すに従って、変革ビジョンのコミュニケーションも促進される。

ここで質問。「ではどうしてわれわれはこの種の努力をさらに強化しないのか」。これに対する答えは「われわれはすでにこの種の努力を強化している」というものになる。

最近では、寡黙で、こつこつと仕事を遂行するタイプの経営者ははやらない。変化の激しい環境では、従業員の心と気持を引きつけて仕事を進める必要があるが、このような環境においては、寡黙な経営者ではその企業を強力な競合企業のレベルに転換することは不可能なのである。これまでわれわれは、情報をかくしたり、あるいはうそをつくことによってだれかが利益を得る状況を見てきたために、口を閉ざす経営者はもはや通用しないという現実を認識できていない。とはいえ最近では右に述べた現実がはっきり到来しているのである。

成功を収める変革では、従業員が受け取るメッセージに含まれる重大な言行不一致が必ず大きな問題として取り上げられる。そして矛盾が完全に解消できない場合でも、その矛盾が簡潔に、包みかくさず説明される。

十分に耳を傾け、十分に説明する

ビジョンのコミュニケーションはつねに困難な作業となる。したがってどうしても一方通行の、上から下への一方向の伝達に陥りやすい。そのような形では、従業員からのすぐれたフィードバックが無視され、従業員は自らを無用な存在と感じてしまう。成功を収める変革の試みでは、コミュニケーションは双方向となるために、右のような状況は発生しない。

私自身も、変革を推進する連帯チームがビジョンを正しく伝えなかったために、従業員側がそれを邪推したり、あるいはもっと正確に伝えられていたら従業員が問題解決に至ることができたはずのケースに何回もぶつかった。さらに従業員からのフィードバックが活用されない場合には、その間違いがプロセスの後半まで是正されないまま、変革が進んでしまう。ある実際に起こったケースでは、情報技術システムの開発に不必要な経費が発生してしまったが、これは最初に正しいビジョンが伝わらなかったために巨額の出費が生じたのである。もし初期の段階で、コンピューターをよく理解している六人のセールスマンが説明を受けていたら、彼らは自分達用に購入された新型のコンピューターとソフトウェアに伴う基本的概念が間違っているということに即座に気付いたはずである。しかし新しいコンピューターが到着するまで、彼らは何の相談も受けなかった。それどころかコンピューターについて何も分かっていない中間管理職が誤った方針を受け入れ、それを実行してしまったのだ。このために、あとになってコンピューターとソフトウェアの交換に巨額の支出を余儀なくされた。

さらに基本的なレベルで、双方向のコミュニケーションの方法は、変革の過程で従業員が抱くすべての疑問に答えるための手段としても不可欠の方法である。さまざまな情報元からの、明快で、頭にはいりやすい形で繰り返し説明される首尾一貫したコミュニケーション、さらに経営幹部の実際の行動によって裏打ちされたコミュニケーションは抜群の効果を発揮する。しかしなおわれわれ人間は、とくに教育程度の高い人間ほど、ある活動に自分で取り組むチャンスを与えられてはじめてそれを信じるという特性を持っている。問題に取り組むという行為には、質問を投げかけ、挑戦し、討論するといった行為が含まれる。最初にビジョンが変革推進連帯チームによって生みだされる際には、こうした行動が取られていることは間違いない。

変革推進者は、コストを心配して、双方行のコミュニケーションを回避することもある。その理由は簡単である。つまり双方向コミュニケーションには、一方通行のコミュニケーションに掛かるコストの二倍のコストが必要となるからである。この論理はある意味で正しい。すなわち、従業員全員に、変革のための連帯チームが経過したのと同様な経験をしてもらうことは不可能である。しかしここでも次の事実が看過されている。つまり、できるだけ多くの経営管理者が、その日常業務を新しいビジョンのレンズを通して見ることの重要性が見落とされている。われわれが真剣に双方向コミュニケーションの可能性を追求していけば、ビジョンを巡る議論を促すためにコストのあまり掛からない方法か必ず見つかるはずである。たとえば、製品導入ミーティングの最後の五分間、廊下の立ち話の二分間、スピーチのあとの十分間といった例であり、これらの数分間が積もり積もるとそれこそ何千時間にも達するのである。

変革推進者は、そのビジョンはとても二ラウンドの試練には耐えられないことを懸念して、双方向コミュニケーションを避けようとすることもある。たしかにこの行動は理解できるが、あとに悔いを残す選択となりがちである。

従業員がビジョンを承認していない場合には、変革に含まれている次の二つの段階、すなわち広範な活動に向けて従業員をエンパワーする段階と短期的な成果を生む段階で挫折する。従業員側は権限委譲に伴う効果を生かそうとしないし、短期的な成果をあげようともしないからである。さらに最悪の事態は、人々がおそまつなビジョンを承認して実行してしまったときに起こる（先の情報技術システムのケースがこの好例）。ここでは、貴重な時間と資源が消費され、多くの人材が望ましくない結果に苦しむこととなる。

双方向コミュニケーションに伴う問題点は、従業員からのフィードバックで、企業が間違った道を歩みはじめている、あるいはそのビジョンは作り直しが必要である、といったことが指摘され得るという点である。しかし長期的に見れば、間違った道を歩み続けたり、多くの人材がついてこない方向を歩み続けるより、一時のプライドを捨て、ビジョンを作り直すほうが効果的な選択なのである。

第七章

従業員の自発を促す

「もう一度エンパワーメント（自発的な取り組みを刺激する）という言葉を聞いたら、私は窒息してしまいますよ」とある人物が訴えた。彼は、この現在人気を集めている言葉が使われるたびに、その本当の意味を失っていく状態をなげいてこの発言をしたのである。彼はさらに続けて、「この言葉は、いまや政治的に見て、正しい呪文のような存在になっている。エンパワー、エンパワー、エンパワー、のべつまくなしエンパワーです。そこでみんなにこの言葉がどういう意味を持つのかを尋ねると、とたんに曖昧な態度を示すか、あるいは私がまるで馬鹿ではないか、といった眼で私を見つめます。」

数年前であったら、私も彼の懸念に賛成したはずである。しかし今日ではこの意見には賛成できない。私自身も流行語を使うことにためらいはあるものの、今日のような変化の激しい環境では、もっと数多くの人材がさらに大きなパワーを備えることを促す考え方はきわめて重要だ、と信じている。

環境変化は、組織の変革を促す。しかし多くの従業員が協力しなければ、企業内の大規模な変革は決して進行しない。ここで従業員が自分たちはパワーを備えていないと感じているときには、彼らは変革を支援しない、あるいは支援できない。この意味でエンパワーメントが重要な要件なのである。

変革の第一から第四段階を成功のうちに通過する際にも、従業員が改革に自発的に取り組むようにし向けるべく努力してきたはずである。しかし危機意識も高く、変革推進のための連帯チームが適切なビジョンを生みだし、そのビジョンを広くコミュニケートしたあとでも、従業員が懸命に変革を進めようとする行く手には無数の障害がたちはだかっている。そこでこの第五段階の目的は、変革ビジョンの推進を妨げる障害をできる限り取り除くことによって、数多くの従業員が必要なアクションを取れるようにエンパワーしていく点に集約される。

挑戦すべき大きな障害としてはどんなものがあげられるだろうか。次の四つ、すなわち組織構造、技能、システム、管理者が大きな障害と考えられる（図7―1）。

図7-1　エンパワーメントを阻害する要因

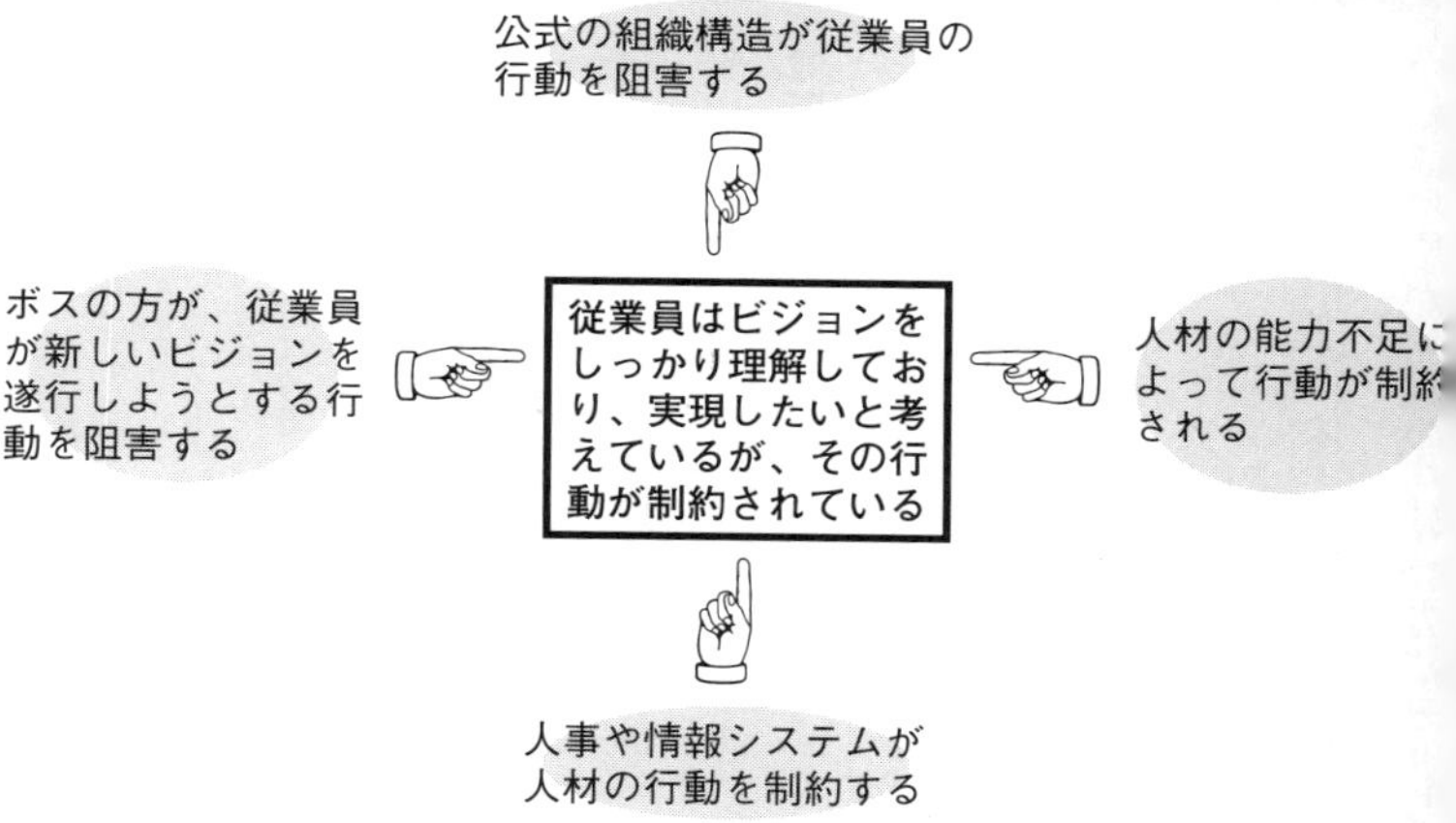
公式の組織構造が従業員の行動を阻害する
ボスの方が、従業員が新しいビジョンを遂行しようとする行動を阻害する
従業員はビジョンをしっかり理解しており、実現したいと考えているが、その行動が制約されている
人材の能力不足によって行動が制約される
人事や情報システムが人材の行動を制約する

構造的障害を取り除く

　ここで紹介する企業は、オーストラリアの金融サービス企業の例である。新任社長が人々の危機意識を高め、トップ層に変革推進のための連帯チームを作り、そのチームがこの企業の新しい方向を導きだそうと後押しした。新しいビジョンは卓越した顧客サービスを中核にして作られていた。ここでの基本的な考え方は簡明なものであった。すなわち、オーストラリア市場においてシェアを高めるだけでなく、アジア諸国の新興マーケットでも競争力を高める能力を開発しよう、という方向であった。新ビジョンを従業員にコミュニケートするチームの努力も成功を収め、ほとんどの従業員は、この企業が正しい道を歩みはじめたと確信していた。トップマネジメントは、変革に対する従業員の力強

い反応を確認して、この変革のもっとも難しい局面はすでに通過できたと考えた。この認識こそ、トップ経営層全員がこの変革プロセスから眼をそらす原因を作ったのである。

二十四カ月後、フラストレーションを募らせ、怒りにもえた経営幹部は、どこで彼らが間違いを犯したのかを検討することになった。彼らは少なくとも自分の責任はしっかり果たしたと感じていた。彼ら自身、担当地域の顧客を訪問したし、顧客満足を高める新しいシステムを作ることに協力したし、社内のスピーチでは顧客サービス重視のメッセージを伝えたし、さらに市場からの要求にきちんと応える商品やサービスを再構成するためにコンサルタントと共同して仕事を進めてきた。ところが何らかの理由で、一度は意欲を燃やした従業員たちが成果をあげられずにいる。

追跡調査の結果、次の事実が判明した。つまりほとんどの従業員はたしかに卓越した商品とサービスを提供したいと願っており、しかもその努力を続けてきた。しかし企業の組織構造によってリソースと権限があまりに分断されており、新しい金融商品のいずれを売り込むことも不可能になっていたのである。たとえばある一つの商品を扱うときには、四つの異なった部門の人材が集まることが必要となり、しかも完璧なチームワークで取り組むことが求められた。また、商品と顧客に焦点を絞った横断的な機能を備えたチームを作ろうとする際にも、そのプロセスがきわめて大きなフラストレーションを生む作業であることを従業員は認識していた。つまり、個々に独立した組織単位が無数の巧妙な方法を通じて、チーム活動を妨害したのである。その結果、新商品を顧客にすばやく提供することはほとんど不可能となった。従業員がこの点を上司に訴えると、逆に彼らはもっとすぐれたチームプレイヤーになるべきだと諭された。さらに従業員が、組織構造に問題があるのではないかと指摘すると、上司からは無数の言い訳、つまり組織変更がなぜ不可能か、組織を変えても何の効果も期待できない、組織変更には長い時間がかける、といった言い訳が返ってきた。無力感にとらわれた従業員は、ついに新しいビジョンを追求することをあきらめた。

このケースのCEOが、その経営管理者に対して組織構造に伴う問題についての彼らの見解を述べるように求めると、次のような答えが返ってきた。

(一) 新しいビジョンを実践していく過程には複雑な問題が待ち受けている。
(二) この企業は自社にそぐわない人材を抱えているのかも知れない。この状況を是正するためには長い時間が掛かる。
(三) 中間管理層は、変革を正しい方向に導くために毎日長時間働き、疲れ切っている。
(四) これらの問題を解決する具体的方法が見出せない。

これらの発言はある意味ではすべて正しい。たとえば彼らが毎週長時間働いていることは確かであった。しかし中間管理層に属する主要な管理者たちは、新しい商品やサービスを提供するためには組織変更が是非必要である、という明確な兆候が現れているにもかかわらず、自分の部門の利害を守ることにきゅうきゅうとしており、そこにストレスを感じていたのである。ほかの変革でも一般的に見られるように、このケースでもすべての従業員が変革に対する抵抗を示していたわけではなかった。むしろ少数の管理者が変革の進展にブレーキをかけていたのである。つまり彼らが、自分たちは企業にとって正しいことを遂行していると信じていたために、その考え方を改めさせることが困難であったのである。

コリンは、変革の進行にブレーキをかけた典型的な管理者であった。彼は二十五年間の経験を背景にして自分の部門の価値を十分に理解していた。彼はこれまでこの部門に多大の時間とエネルギーを投入してきていた。組織変更のために提案されたさまざまな方法は、彼の部門を分断し、彼自身の責任範囲を著しく狭めるだけでなく、それまでの組織構造から生まれていたビジネス上の利益を奪い去るものであった。ここでもしコリンが新しいビジョンの価値を本当に認めていたのであれば、彼としても、組織変更に伴って生じる損失はそれほど大きなものではないということをしぶしぶながらも認めたはずである。しかし彼は、新しいビジョンは二十五％の成功の確率しか備えていないはかない夢物語だ、と評価していたのである。したがって、実現される利益は不確実、不明瞭であるにもかかわらず、失われる損失が確実であったために、彼は変革の推進にちゅうちょを示したのである。その結果、この企業では新しいビジョンを推進しようとする従業員の意欲を確実に妨害する組織構造が末長く存続されることとなった。

図7-2　組織構造がどのようにビジョンの進展を阻害するのか

ビジョン	実際の組織構造
✔顧客を優先する	✔その組織構造が、すぐれた製品とサービスを提供するためのリソースや責任を分断している
✔組織下部の人たちにももっと大きな責任を与える	✔組織には中間管理層の階層レベルが存在し、部下たちを結果論で批評し、批判する
✔低コストで生産することによって生産性を向上させる	✔本社に存在する数多くのスタッフは高給取りであるだけでなく、いつも手間と金の掛かる手続きやプログラムを押しつけてくる
✔すべての行動をスピードアップする	✔個々の単位がたこつぼにとじこもったような状態になっており、それぞれが独立した各部門が相互にコミュニケーションを進めないために、すべてがスローダウンする

組織構造は、とくに変革の初期の段階では、企業変革にとってつねに大きな障害となるわけではない。しかし私自身、人々の自発的行動を阻害することによって、組織構造がビジョンの実現を妨害した数多くの例にであってきた（図7－2）。このオーストラリアの金融サービス企業のようなケースがほかにも数多く存在する。たとえば顧客重視のビジョンも、顧客を重視しない組織構造が変更されない限り、その実現は期待できない。

もう一つの例を紹介しよう。ある電力会社では、第一線の従業員に今まで以上の仕事の責任を担ってもらうというビジョンを生みだしたが、このビジョンは、この会社に数多くの組織階層が存在し、しかも中間管理者にあまりに大きな意思決定権限が集中していたために、暗礁に乗り上げることとなった。従業員が新しいビジョンを現実のものにしようとしても、彼らの意思決定は、中間管理者の集団によって、したり顔に批判され、妨害された。「君はこの点を考慮したのかね？」、「君はまずジョーンズと相談すべきだった」、「君の行動が悪しき前例となってしまうことを考えてみたのかね？」当然の結果として、ほとんどの第一線の従業員たちは、しばらくすると新しい方法を断念し、かつての仕事の進め方に後戻りすることを余儀なくされた。

組織構造からの障害を素早く取り除かないと、従業員があまりに強いフラストレーションを募らせ、変革に対する貢献意欲をすっかりなくしてしまう危険が生じる。そのような事態に陥ると、たとえ組織構造を適切な形に変更したとしても、ビジョンを実現するために作られた新しい組織構造を大いに活用していくために必要とされるエネルギーを取り戻すことが不可能となる。

ではなぜこのような事態が起こるのか。ひとつには、われわれはある一つの組織構造に過去何十年も慣れ親しんできて、また、ほかの組織構造が全く眼にはいらない、という理由が考えられる。また、個人の忠誠心と専門知識の側面で、ある一つの組織構造に身を奉げてきたために、組織構造を変えることによって自分のキャリア開発に障害が生じるのではないかと心配する、というケースもでてくる。さらには、経営幹部が組織再編成の必要を感じていながら、同僚の経営幹部や中間経営管理者と軋轢を生むことを避けるために組織変革をちゅうちょする場合もある。しかしもっとも大きな原因は、変革推進のための態勢が十分に備っていないからなのである。たとえば中間管理層が十分な危機意識を感じていないとき、彼らがトップ層に強力なチームが形成されていないと考えたとき、変革推進のための明確なビジョンがはっきり認識できないとき、あるいはほかの人たちがそのビジョンを信じていないと感じたときに、彼ら中間管理層は組織構造の変更をやすやすと阻止してしまうのである。

必要な訓練を提供する

私自身、約二十年前に、ある将来を見すえた自動車部品メーカーが競合会社に対して大きなリードを奪うために、その製造部門で大規模な変革を進めたケースを観察する機会を持った。この企業は、他社が中間管理層の階層レベルを減らしたり、組織下部の従業員に大きな意思決定権限を付与したりするずっと以前から、このような方法を推進することによって品質を向上させ、コストを削減し得るというビジョンをすでに生みだしていた。多くのパイオニア企業がそうであるように、この企業の変革推進のための連帯チームは多くの間違いを犯したにもかからず、何とか農村地帯の南東部に一つの工場を作りだすことに成功した。この工場にはあまり多数の中間管理層は配属されず、その運営はほぼ現場のワーカーのチームにまかされた。この工場は間違いなく時代の最先端をいく工場であった。工場が稼働しはじめると、当初その運営において多くの困難にぶつかったが、その事実にはだれもそれほど驚かなかった。この工場が日々の生産目標の七十％の生産レベルに達すると、工場の管理者はもっとも困難な局面は通過できたと判断した。しかし実はそうではなかったのである。

生産レベルは目標値の七十五％で停滞し、利益面でも承認できるレベルに達しなかった。ワーカーたちはしだいに不満を募らせていた。ある製造チームでは実際にけんかも発生した。この試みに最初から疑問を抱いていた管理者たちは、ワーカーたちでは管理の職責は果たせないのではないか、と声高に発言しはじめた。強い不満を感じていた従業員の一部は、労働組合からの呼びかけに応えはじめた。さらに本社の経営陣の一部も、新しい生産方式が収拾不可能になるまえにその方法を止めたほうがよいのではないかと言いはじめた。

このようなケースに起こりがちな事態であったが、工場の一部の人たちはこの問題を正しく理解していたにもかかわらず、ほかの人たちは彼らの発言に耳を傾けなかった。工場長は工場従業員のほぼ全員と対話した。その結果、若い人事担当者がなぜ七十五％レベルに生産がとどまっているかについて最も納得できる説明をしてくれたと判断した。この若いスタッフの説明を要約すると、

「この工場には、マネジャーとワーカー総数二百人が配属されましたが、彼らは過去に全く経験したことのない状況で仕事を進めることになったのです。二百名の全員、とくに齢をとった人たちは、過去長年にわたり自分たちなりの習慣を築き上げてきたわけですが、これらの習慣は今日

ではあまり適切に機能せず、ときには非生産的に作用しているのです。この工場のワーカーの数多くは、これまで責任を回避することにかけてはきわめて巧妙な術を身につけてきましたが、職場でチームとして効果的に仕事を進めることはほとんど学んでこなかった。ほとんどのマネジャーも、過去五年から三十五年間のキャリアを通じて、自分たちの職責は意思決定を自らで下すことであって、従業員の自主的な取り組みを促すことではないと教育されてきました。いまから振り返ると、この新しい態勢に対応するためにわれわれの受けたトレーニングは著しく不十分であったように思います。それでも私たちは、新しい工場で成功を収めたいと切に願っていたので、準備段階では本当に一所懸命努力しました。言い換えると、技術の不足を懸命の努力で補ったわけです。でもこれでは長期的解決にはならない。しばらくするうちに、疲労困ぱいし、フラストレーションがたまってしまったのです。」

今日ではこの種の問題が数多くのリエンジニアリングの試みでも発生している。訓練は施されるけれども、それが不十分であったり、的はずれであったり、時宜を得たものでなかったりする。人材は、過去何十年にわたり身につけてきた習慣を、たった五日間の教育で変えるように求められる。人材は確かに技術は訓練されるものの、新しい体制で仕事を進める際に必要とされる社会的スキルや態度は教育されていない。また新しい仕事をはじめる前には教育を受けるが、実際に仕事をはじめたあとに出合う諸問題に対処していく際の支援は全く受けられない。

われわれがこの種のわなにはまる理由として次の二つの原因が考えられる。第一に、大規模な変革がはじまったあとに、どのような新しい行動、技能、態度が必要になるか、という点について深く検討されないケースが多い。その結果、人材がこれらの新しい行動、技能、態度を学習する際に必要とされる訓練の適切な形式と量が考慮されないのである。第二に、ときには何が必要かを正しく認識していても、それを時間とコストに換算したときに、その規模に圧倒されてしまう。たとえば、どの企業でも、一万人の従業員を二日間のコースに全員参加させる案をたやすく承認できるだろうか。あるいは特別の訓練に三百万ドル支出することを容認できるだろうか。

ところが、一九八〇年代半ばに、世界的に見ても最も成功を収めた変革において、二日間の訓練コースに何万人もの従業員を参加させ、その過程で何百万ドルも費したヨーロッパの航空会社が二社存在したのである。この二社のケースでは、企業は新しい「顧客最優先」のビジョンを追求した。これらの企業では、変革推進のための連帯チームが、そのビジョンと戦略を実現するためには、従業員の態度面での大きな変換が必要だと提案した。デンマークのコンサルティング企業によって見事に準備された二日間のコースは、行動、技能、態度上の全ての問題を解決するという一回限りの万能薬を目指したものではなかった。むしろ、数々のレクチャーと演習を通じて、「顧客を最優先すること」が、会社の内外での生活でどれほど重要な効果を生むかについて教育が進められた。私の収集したすべての情報によっても、この訓練こそ、新しいビジョンを定着させていく側面で、人材のエンパワーを推進していくうえで、重要な役割を果したことが明らかになった。この二社の航空会社は、この過程を経て、きわめて強力で、成功を収める航空会社に変身した。

これらの航空会社の例に見られるように、態度面の訓練は技術訓練と同等に重要だと結論できる。今世紀を通じてきわめて多数の非管理職従業員たちが、その企業と労働組合によって、自己責任はできるだけ回避するように教育されてきた。これらの人材の大部分は、「さて、あなた方はエンパワーされた（十分な意思決定の権限が与えられた）。それを実行せよ」と言われても戸惑うばかりである。一部の人たちは、この種の発言を全く信用しない。あるいは、搾取的なわなに違いないと考え、あるいは自分にはそれは実行できないと感じる。新しい方法を実行に移すためには古くから浸透した間違った考え方を払拭する必要があるが、この要諸の一部は訓練によって実現可能なのである。

私の経験から言って、すべての企業が、大規模な変革の推進に当たって、必ずしも教育に何百万ドルも支出する必要はない。一部の企業では、すでに数多くの従業員が新しい技能、行動、態度を学ぶことは必要としていないので、訓練に対して巨額なコストを掛ける必要はない。またそのほかの数多くの企業でも、教育プログラムを効果的に設計すれば、旧来の訓練方法に伴って生じていたコストの半分以下で、効果的な訓練を進めることが可能である。また訓練に対する言外のメッセージが、「わが社はみなさんにさらに大きな権限を付与するつもりである。そこでこの訓練コースは、あなた方が新しい責任をより効果的に遂行できることを支援するために提供された」というメッセージではなく、「文句を言わずに教えられた通りの方法を実行せよ」というメッセージとなる場合には、この種の訓練はむしろ従業員のやる気を削ぐものになってしまうと考えている。

ここで理解すべき点は、「変革の第五段階では確かにある種の訓練が必要となるが、この訓練はこの段階に適切な形の訓練でなければならない。問題解決にやみくもにお金を使ったり、従業員をわなに陥れる訓練であってはならない」という教訓である。

各種のシステムをビジョンに統合する

「われわれは成すべきことをすべてやりました。でも従業員はなお抵抗し続けているのですよ」とあるマネジャーが私に訴えた。

「そうですか。もう少し詳しくその事情を説明してください」と私が尋ねた。

「私たちがこうありたいと願う、きわめてすばらしい考え方を実現すべく、これまで多くの努力を重ねてきました。この考えを、考え得るすべての手段を使って従業員に伝えてきました。また昨年には、この新しい考え方に沿うように、組織構造も組み直しました。さらに必要に応じて、従業員を再訓練してきました。これらの努力には多大の時間とエネルギーが要求されましたが、なんとかそれを達成してきました」。

「そこでまだ何が問題なんですか?」。

「それでもほとんどの人たちが、古くからの方法を続けているんですよ」と彼は訴えた。

「もしあなたが宝くじで一千万ドル当たったとき、その賞金の受け取りを拒否しますか」と私が尋ねた。

「もちろん受け取りますよ」。

「しかし、もしわれわれが多額のお金を受け取ったときには、生活面でかなり大きな変化が生じてくることはたしかですよね」。

「それはたしかにそうですが」。

「ということは、あなたもそのような変化は拒絶しないということになりませんか?」。

「それは間違いありません。たしかに人々はすべての変化を拒絶するわけではないことは認めます」と彼は同意した。

「ではどんなときに人々は変化を拒絶するのですか?」。

「その変化が自分たちの利益にならないと考えたときではないでしょうか」。

「それでは、あなたの企業の人事システムは、新しいビジョンを推進していく際に、人々の最大の利益に貢献するように作られていますか?」。

「人事システムですって?」。

「たとえば業績評価、給与、昇進、後継者選抜等を指すのですが、これらは新しいビジョンの推進に結びつけて運用されていますか」。

「必ずしもきちんと結びついているとは言えませんね」と彼は答えた。

この企業の人事システムをつぶさに検討すると次のような点が明らかになった。

✔ 業績評価表には、新しいビジョンの中核を占めている顧客重視については評価項目として一項目も盛り込まれていなかった。

✔ 昇給決定においては、間違いを犯さなかったことが評価され、意味のある変革を推進したことは反映されていなかった。

✔ 昇進決定はかなり主観的判断にもとづいて進められ、変革推進の努力についてはごくわずかしか考慮されなかった。

✔ 募集・採用のための方法としてはきわめて古い形の方法が活用されており、企業変革を支援する方法はほとんど考慮されていなかった。

さらに検討を進めると、経営情報システムも変革の推進を支援する形に改革されていなかった。さらに戦略形成プロセスにおいても、市場や競合企業の動向の分析がほとんど反映されず、短期的な企業業績のデータのみが偏重されていた。

大規模な変革の前半の段階では、時間、エネルギー、予算に制約があることから、すべてを変えることは不可能である。たとえば企業文化に伴って発生する障害物は、それぞれの変革プロジェクトが完了し、業績の向上がはっきり確認できるまで、それを完全に除去することはきわめて難しい。さまざまなシステムを単に変更していくことはそれほど難しい作業ではない。しかしこで、新しいビジョンと現行システムとの間に存在するごく小さな矛盾をすべて解明しようとした場合には、この試みは必ず行き詰まる。つまり確固たる短期的な成果が確認されない限り、変革推進のための連帯チームが大規模な変革を実現していくための勢い、あるいはパワーを生みだすことは不可能なのである。ここでもし、すでに確立されている、大規模に張り巡らされた動機づけのネットワークとプロセスが新しいビジョンと衝突している場合には、そのネットワークとプロセスに真っ向うから取り組んでいくことが求められる。この課題への取り組みを回避すれば、まず人材のやる気を低下させ、変革の推進を停滞させてしまう。

ここで質問。「さまざまなシステム、とくに人事システムは、変革の推進をどの程度妨害するのか?」この答えは「しょっちゅう妨害する」である。

歴史的に見て、人事専門職は、かなり官僚的な人事部門の環境で育てられてきた。そのような人事部門はリーダーシップの発揮を阻害し、新しい時代の人材経営に大きな障害として立ちはだかることが多い。しかしこのような伝統を打ち壊すことは決して生易しいことではない。ここで変革を成功させているケースでは、人的資源（ＨＲ）にたずさわる勇敢な専門職が、新しいビジョンに適合するように諸システムを変革していく際に、リーダーシップの発揮を助けているケースが増えてきている。あるケースでは、この種の人事専門職は、ラインマネジャーから、あるいは同僚からの支援が得られない場合でも先のようなことを実現している。つまり、彼らは従業員のことを深く考慮し、かつ稚拙に進められた変革に伴うひどい結果を理解しているために、先のような行動を推進しているのである。

問題のあるボスと対決する

フランクは状況を全く理解できていなかった。彼は、この業界では創造的思考が大きな成果を生むので、彼の企業もさらに革新を進めることを目指していると何度も説明を受けていた。しかし彼は、炭酸ガスが一瞬にして火を消すのと同様に、部下の自発性と創造性を一瞬にして殺してしまうような、命令と統制を重視した管理スタイルをかたくなに守り続けていた。彼が実際に管理している姿を見ると、きっと彼は人材を「エンパワーさせない」という学位を大学で専攻したに違いないと思えるほどであった。たとえばいつも次のような発言を繰り返した。「ああ、その考えは前にも試したよ」、「失敗した場合についてももっと検討すべきだ」、「その案を検討する時間はない。私の言ったとおりやって欲しい」、「うん、たしかに面白い考え方だ。でも、そのリポートはほかの人たちに配付しては駄目だよ。みんなはそんな情報は必要としていないんだから」、「マーサ、君が次に何かをはじめるときは、ぜひ前もって私と相談するように」

フランクは約百人の部下を抱える部門を管理していた。変革の波は彼の部門の扉まで押し寄せていたが、その波は扉にぶつかり、海に押し戻されていた。彼の部下の一部は、フランクがどれほど妨害しようとも、この企業で進められている改革に協力する姿勢を示していた。しかしメンバーの大部分は改革に熱意をもって取り組んでいなかった。なかには最初一所懸命に取り組んだあと、あきらめてしまった人たちもいた。またフランクにならって、最初から全く協力姿勢を示さなかった部下も多かった。このほかの多くの人々は注意深く、政治的に行動し、ボスの顔色を伺って行動していた。

変革の旗手たちはフランクを強く批判したけれども、彼は本質的にどうしようもない人物ではなかった。われわれの大部分と同じように、彼もその過去のキャリアが生みだした産物であったのである。彼は若い頃に命令と統制の管理スタイルを学び取ったが、このスタイルが効果をあげ、この企業でどんどん昇進を勝ちとることに役立ったことから、このスタイルが彼の内面に深く浸透し、習慣として定着したのである。

ところでフランクが生みだす問題がときたま発生してくる個々の事柄に影響を与えるだけのものであれば、その変革ももっと容易に推進されたはずである。しかしそうではなかった。彼はその管理スタイルを補強する幾多の習慣を身につけていた。そこで彼がその行動スタイルの一部を変えようとすると、これに関連する数多くの側面に影響が及び、彼自身に大きなプレッシャーを加えることになった。その結果、彼がたとえ変えようと努力した行動もまたかつてのスタイルに戻らざるを得なかった。ということは、彼に要求されていたのは、すべての習慣を一括して変えることであった。しかしこの要求は、喫煙、飲酒、油っこい食事を一度に断念することと同じ程度に難しいことであった。

ここでフランクがこの新しい「革新」ビジョンを心から信じていなかった点、さらにこのビジョンの推進を支援するために彼に何が求められているのかを十分に理解していなかった点が重なって、その解決はさらに困難なものになった。また、ほかの人たちと同様、フランクも事態を自分に有利なように解釈する傾向を備えていたので、自分自身の眼には、自分自身が献身的な企業人であるのに対し、ほかの人は政治的で、自己主義で、無能であると映っていた。

フランクのような人物は、すべてのリエンジニアリング、リストラクチャリング、戦略転換のケースに登場してくる。このような人物の数が多い場合、あるいはこのような人物がたくさんの部下を管理している場合には、大きな問題を発生させる可能性が高い。ここでフランクのように強力なパワーを備えた人物と変革の初期の段階できちんと話しをつけておかないと、あとになって変革の全てのプロセスが妨害されてしまう事態も起こってくる。

私自身、フランクのような人物が重要な地位を占めていた変革の試みの例を少なくとも十以上見てきた。このようなケースでは、変革の初期段階でこの問題に正面から取り組むことを回避しながら、熱心に変革を進める変革の旗手とそのメンバーがフランクのような人物を何とか説得して、変革の第一から第四段階を乗り切っていた。しかし第五段階に至り、この種のボスが、部下たちをエンパワーし変革に取り組ませることを拒否するために、それまで懸命に努力して進めてきた変革の試みが停止してしまうのである。

フランクのような人物と真正面から対決することはめったにない。この最大の理由は、ほかの人たちが、所詮こうした人物たちの行動は変えられないと認めながら、彼らを降格したり、その職位から去ってもらうことを潔しとしないからである。またこのほかのケースでは、ほかの人たちが抱く罪の意識、ちゅうちょ心によって対決が回避される。とくに変革をエンパワーすることを拒む人物が、自分の同僚であったり、かつて仕事の上で指導をしてくれた人である場合にこのようなケースが起こりやすい。またこれらのケースでは、ほかの人たちの政治的な読みも重要な要因として作用する。つまり、ほかの人たちが、フランクのような人物に対決を挑んでも、フランク側が強力なパワーを活かしてその対決に勝利し、むしろ変革推進者を追放してしまう可能性があることを怖れるのである。このほかの多くのケースにおいて対決が避けられる理由としては、フランクのような人物がすぐれた短期的な業績を上げている事情があげられる。

この種の問題をたやすく解決する方法は存在しない。そこでマネジャーたちは、この問題に取り組む際に、きわめて手の込んだ政治的な手法を生みだして取り組むケースもでてくる。つまり、フランクのような人物が逃げだせないような、あるいはその活動が殺されるようなコーナーに巧みにフランクを追い込む方法を考えだす。しかしこのような方法が実際に効力をあげるためにはきわめて時間が掛かる。さらにはもしこれが白日の下にさらされた場合には、卑怯で、無慈悲で、不公平な方法と考えられてしまう危険が伴う。

私の経験から言って、この種の問題を解決する最善の方法は、誠意をもってこのタイプの人物と対話する方法である。すなわち、その業界、自社、自社のビジョンについて説明し、彼らに求められている協力、さらに彼らの協力が求められている時間枠を明らかにし、彼らの協力を得るためにどんなことをすればよいのかについて話し合う努力である。状況が全く解決不可能であったり、その人物に降板を求めなければならない事態であっても、この対話を進めることによって、その事実を早いうちに把握することが可能となる。またその人物が変革に協力したいと願っていながらその行く手をはばまれていると感じている場合には、この対話を通じてこの人物と一緒に解決策を見つけることも可能である。さらにその人物が協力したいと願いながら変革を推進する能力を備えていないと感じている場合には、期待されている水準と時間枠をはっきり説明することによって、その人物がその職からはずれることを容易にしてあげることもできる。この方法は公平なものであり、ほかの人たちが罪の意識を感じることも少なくなる。さらに合理的で、思慮深い対話を進めることによって、すぐれた短期的業績が急激に悪化したり、あるいはフランクのような人物が政治的な反撃を開始することを許してしまうといった危険を最小に抑えることも可能になる。

罪の意識、政治的な読み、短期的業績の悪化に対する心配といった要因の存在によって、このような誠実な対話を持つことに、われわれはつねにちゅうちょしがちである。しかし数多くの経営者は、このような問題を発生するマネジャーと変革プロセスのもっと早い時期に対話しなかったことを後になって悔むことが多い。私は何度も、「私自身、ハル（ジョージ、イレーン）ともっと早く対話すべきだった」という後悔を聞かされた。

フランクのような人物との対話を避けたがる傾向は、どの変革の試みにも共通に見られる。しかし対話を回避していては何ごとも解決しない。このような変革妨害者は変革に必要とされるアクションを停止させてしまう。さらに重要な点として、このような人物との対話が全く行なわれない事実に気付いて、ほかの人たちが変革に取り組む意欲を阻喪させる。意欲を失った従業員たちは、変革に必要とされる数多くのプロジェクトの推進に協力を惜しむことになる。その結果、従業員たちは、変革がゴールラインに到達し、新しい方法が企業文化に定着する前に、早々に変革をあきらめてしまう。

図7-3　変革推進に向けて人材をエンパワーする

✔ 納得しやすいビジョンを従業員にコミュニケートする

従業員が共感できる目的意識を共有している場合には、その目的を達成するための行動が進めやすくする

✔ 組織構造をそのビジョンに適合させる

ビジョンと矛盾する組織構造は必要な行動の邪魔をする

✔ 従業員が必要としているトレーニングを提供する

適切な能力と態度を身につけたときに、従業員ははじめてエンパワーされる

✔ 人事や情報システムをビジョンに適合させる

ビジョンに適合していない各システムが必要な行動の邪魔をする

✔ 必要とされる行動を邪魔する上司と対決する

望ましくないボスほど従業員のやる気を失わせる。

社の人材を結集する

意欲を失い、改革に自主的に取り組もうとしない、すなわちエンパワーされていない人材では、グローバル化の進む経済環境で、その企業を勝者に導くことは全く不可能である。しかし適切な組織構造、トレーニング、さまざまなシステム、そして広く伝達されたビジョンを実現しようと意欲を燃やす管理者たちがそろえば、自社の実績を向上させるために、社の人材のもつパワーを結集させることができると気づき始めた企業も増えてきている（図7−3）。こうした企業では、リーダーたちが望む改革に、何百、何千という従業員を、動員できるのである。

第八章

短期的な成果の重要性

私がかねてから注目している、すぐれたビジョンとカリスマ性を備えたある経営者が、ある米国企業の十七億ドルの売上げを誇る事業部門の責任者に任命された。この任命と同時に、その事業部門の志気は著しく高まった。多くの従業員にとっては、彼の就任第一年目は、夢のような、これまで強く望まれていた新風を吹き込んでくれるものであった。各種ミーティングでも、あまり意味のない議題に代わって、大胆な新しいアイディアが議論されはじめた。これまでの聖域はすべて撤廃され、さまざまな問題や機会について適切な情報をもたらす人材には、つねに発言のチャンスが与えられた。この新しいリーダーの周りには、変革を促す人材によって連帯チームが生みだされ、このチームが企業にとっての基本的戦略の方向転換の道を探りはじめた。

グローバル企業に成長するというビジョンがしだいにはっきりした姿となって浮かび上がって

きたが、このビジョンでは、大胆な低価格できわめて質の高い基礎的建材を提供するために、新技術を開拓する企業になる、ということが明示された。彼の就任二年目の半ばには、この新しいビジョンについてのコミュニケーションが展開され、組織のすみずみにまで新しいビジョンが浸透した。第三年目のはじめには、このビジョンを実現するためにさまざまな変革プロジェクトが展開されはじめた。新しいトレーニングが開始され、組織が再編成された。財務部門では大規模なリエンジニアリングのプロジェクトが開始された。ある経営幹部は早期退職によって社を退いた。大規模な企業買収に五億ドルが費やされた。というようにすべての活動が光り輝くように展開された。それまで批判を繰り返していたビジネス誌もこの企業に注目することになった。その結果、その企業で展開されているさまざまの変革を賞讃する記事が四つのビジネス誌に掲載された（第三年目の半ば）。

この企業の実例に私自身も強い感銘を覚えた。たしかに全く危険の兆候を感じなかったというわけではない。つまりこの英雄的リーダーの下に生まれた連帯チームがほとんど本社の意向を考慮していなかったのである。とはいえ、彼の展開していた変革は正しい軌道をたどっていたし、もし私が第三年目に感想を求められたとすれば、この事業部は四十八カ月以内に、この業界でリーダー企業に成長し得る、と答えたに違いない。この企業変革の試みが道を踏みはずすとは思えなかったからである。

しかし私のこの認識は間違っていた。ここで事態の進行をかいつまんで説明すると、このカリスマ的リーダーは、四年目の半ばにその地位を追われることとなったのである。彼の退任後の十二カ月間に、彼のはじめたさまざまな変革の試みは崩壊し、全て消滅した。この間に、ほかの二、三人の経営幹部も社から追放され、さらに六人以上の経営幹部も自ら退職していった。従業員のやる気も著しく低下した。社の業績もしばらくの間向上を示したあと、長期間にわたり悪化し続けた。私がこの本を執筆している今日でも、この事業部は混乱を極めている。

後から振り返れば、この失敗の原因は簡単に理解することができる。つまり、変革推進のための連帯チームには本社の経営幹部のたった一人しか参加しておらず、しかもこの人物はとくに強い影響力を持った人物とは言えなかった。さらに第二年目の半ばまで、連帯チームの出すアイディアに反対する人々は、たとえ彼らが建設的な方向で協力しようとしても、その意見は無視された。しかしここでの最大の問題は、短期的成果に全く眼が向けられていなかったという点であった。人々は、大きな夢に眼を奪われて、現実のビジネスを効果的に運営してこなかったのである。批判の眼でなりゆきを見ていた人たちが、すべての活動がこの事業部を正しい方向に導いているという証拠（たとえば業績向上といった明確な証拠）を見せて欲しいと求めても、しっかりした証拠は示されなかった。連帯チームが、この変革に反対する人たちをビジョンを持たないおろか者と批判するに及んで、本社も懸念を示しはじめた。またこの事業部がその三年目の業績において、本社に事前に報告せずに、すべての業績予測をわずかに下廻る結果に終わったときには、本社のＣＥＯも懸念を感じはじめた。さらに第四年目の第二・四半期に、またもや本社に報告せず赤字を出したときに、この事業部門のカリスマ的社長はついに追放されたのである。

この企業の内外の人々の中には、この本社のCEOの方が大きな間違いを犯したと考える人もいる。もしかするとこのような考えの方が正しいのかも知れない。しかしこのカリスマ的な事業部の責任者も大きな間違いを犯したことは間違いない。つまり、彼が短期的な成果に見向きもしなかったために、長期的にわたり変革を進めることに必要な自分に対する信頼を築けなかったのである。

大規模な変革を遂行するには長い期間が必要である。変革に熱意を燃やす人々は、どんなことが起ころうと変革の道を歩み続ける。しかし残りの多くの人々は、これらの変革が何らかの成果を生んだという明確な証拠をその眼で確かめたいと切に願う。さらに変革を信じていない人々は、変革の生みだす成果の証明を、さらにはっきりした形で示されることを期待する。彼らは、変革が確実に進行しており、その変革が企業の存続を危うくするほど、短期間に多大のリソースを消費していないことを示す明確なデータをはっきりと確かめたいと願う。

短期的な成果に対し真剣に取り組まない企業変革の試みは、きわめてぜい弱であると言わざるを得ない（図8−1）、ときには幸運によって、自然にはっきり眼に見える成果があがることもある。しかしそのほかのケースでは、この事業部のビジョナリー・リーダーに起こったように、成果が全くあがらないこともある。

図8-1 短期的成果の企業変革にもたらす影響

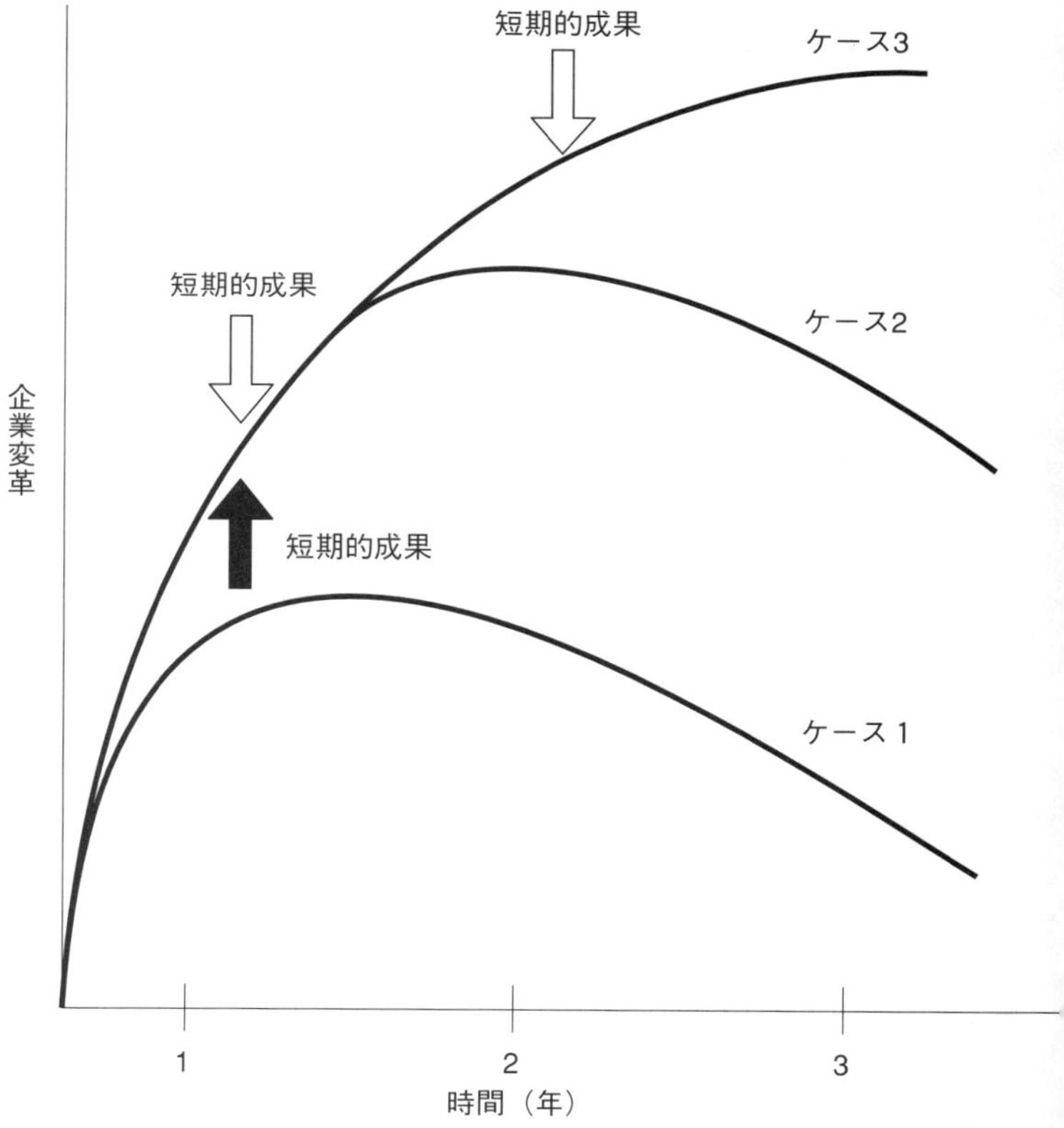

ケース1 全く短期的成果があげられなかったケース

ケース2 14カ月後に短期的成果があがったが、その後1年以上短期的成果が見られないケース

ケース3 14カ月後と26カ月後に短期的成果があがったケース

短期的な成果の効果

ある保険会社では大規模なリエンジニアリングのプロジェクトが進行していた。このプロジェクトには少なくとも四年間が必要であることをあらかじめ理解した上で、変革を進める連帯チームは、長期的なゴールを目指しつつ、なおかつどうしたら六カ月から八カ月の間に明確な業績上の向上を示すことができるのかを真剣に検討した。注意深く検討した結果、三つの可能な領域を見つけだした。つまり、ある部門で一年間に大幅なコスト節減が実現できる、あるプロセスを改善することによって顧客サービスが眼に見える形で、顧客に評価される形で改善できる、ある部門の人材のやる気を高めるために、小規模な組織再編成が可能である、といったプロジェクトであった。この三つの領域のそれぞれに、具体的な目標と計画が立てられ、それらをこの企業の二年間予算に繰り込んだ。また、連帯チームのメンバーの一人が三つのプロジェクトの進捗状況をモニターする責任を負うことになった。経営会議でも、少なくとも二カ月ごとに進捗状況を検討することとした。

短期間にそのような業績改善を達成することはなかなかに困難であるということが認識された。中間管理層は組織再編成を先延しにしようとした。リエンジニアリングのプロジェクトの推進に熱心に取り組む人材でさえも、顧客サービスを眼に見える形で改善することに役立つプロセス改善をもっとゆっくりしたペースで進めたいと願った。さらに悪いことに、この企業の情報システムでは、この種の改善を明示する適切なデータを追跡することが困難であった。だれかがこれらの業績上の改善プロジェクトを真剣に推進しない限り、この企業は三つの領域ではっきりした短期的成果を達成することは不可能であった。つまりさまざまなプレッシャーによって、プロジェクトが遅れたり、スケジュールが変更されたりする可能性があったからである。また情報システムも、はっきり成果を示すデータを追跡することができないという危険性をはらんでいた。

たとえこれらの領域で短期的成果が達成できたとしても、批判の眼で観察していた人たちが、このリエンジニアリングにはコストが掛かり過ぎる、あまりにスロー過ぎる、あるいは間違った方向に進んでいる、といった証拠を見つけだすことができたに違いない。しかし実際に達成された業績上の改善は、これらの疑念を吹き飛ばすほどのものであった。さらに短期的成果をあげることによって、連帯チームは自分たちの生みだしたビジョンが正しいものであるという確実な証明データを手にすることができた。また現場で意味のある変革を進めようと一所懸命に取り組んできた人材にとっても、これらの短期的成果のためのプランは、彼らが目指すべきチェックポイントごとの目安を示す働きをしてくれただけでなく、実際に短期的成果を達成することによって、自らの達成を確認し、勝利を祝う機会を持つことができた。

短期的成果の特徴とその時間枠

変革の第六段階で必要とされる短期的成果は、はっきり眼に見え、具体的なものでなければならない。曖昧な成果であってはならないし、また目標をやや下廻るものであってもならない。たとえば、ただすばらしいミーティングを開いたということでは、この段階のはっきりした成果とは認めがたい。また、二人の人材間の対立を解消した、技術部長がすばらしいと考える新しいデザインを完成させた、新しいビジョンを説明した文書を五千部全社に配った、といったことではは っきりした成果としては認められない。たしかにこのようなアクションは重要であっても、短期的成果の好例とは認めがたい。

すぐれた短期的成果として認められるためには、少なくとも次の三つの特徴を備えている必要がある。

(一) はっきり眼に見える。大部分の人材がその成果がごまかしでなく、実際の達成であることを確認できる。

(二) 具体的である。成果の勝利宣言に対し議論の余地がない。

(三) 全体的な変革の方向に明確に関連づけられている。

あるリエンジニアリングのプロジェクトで最初のコスト削減が十二カ月後に実現すると約束され、実際に予定通りにそれが実現したときに短期的成果の達成と認められる。変革の初期の組織再編成によって新製品開発の第一段階に要する時間を十カ月から三カ月に短縮できたときに短期間成果となる。企業買収後に買収した企業を統合していく作業が見事に進められ、ビジネスウィーク誌に賞讃記事が載ったときに、はじめて短期的成果として認められる。

小規模企業、あるいは大企業内の小規模な部門では、最初の短期的成果の達成が半年以内に求められる。大企業においては、はっきりした成果が十八カ月以内に求められる。ということは、規模の如何に関らず、変革の第六段階で何らかの達成を示すことが求められる段階では、その組織はなお変革の初期の諸段階を完了し切っていない、ということを意味する。

ここで質問。「しかし変革の諸段階に一度に取り組むのは大変困難ではないのか？」その問に対する答。「たしかに困難だ。しかし大規模な変革を成功させたケースでは、つねにこのような要求が満たされている」。

短期的成果に伴う役割

短期間に業績向上を達成すると、企業変革全体の推進に、少なくとも六つの領域で貢献するこ

図8-2 短期的成果に伴う意義

- ✔自己犠牲が価値を生むのだという証拠を示す――短期的成果を生むことによってその際に生ずる短期的コスト、犠牲を補ってくれる
- ✔変革に取り組む推進者の功績をたたえて、報いを与える――多期間に及ぶハードワークのあとには、それをほめたたえるフィードバックを送ることによってさらにモラールとモティベーションを高める
- ✔ビジョンと戦略を微調整する機会を生む――短期的成果をあげることによって、変革をガイドする連帯チームが自分たちの考え方の妥当性をチェックするためのデータが入手できる
- ✔批判勢力や自己本位の変革反対者の勢いを削ぐ――業績上ではっきりした向上を示すことによって、必要とされている変革を妨害することを阻止する
- ✔経営幹部たちを味方につける――組織の上層部に、変革が順調に進んでいる証拠を示す
- ✔変革の勢いを維持する――傍観者を支援者に、消極的支援者を積極的支援者に転換する

とが可能となる（図8―2）。第一に、この種の短期的成果は、人々に必要とされる補強、モティベーションをもたらす。つまり、人材の自己犠牲が価値を生み、組織がさらに強力になっていることを明らかにする。

第二に、実際に変革を推進している人材に、しばしのゆとりと勝利を祝う機会を提供する。人々が長期にわたりつねに緊張を強いられることは決して健全な状況とは言えない。勝利のあとにそれを祝う機会を持つことは、身体と精神にとってきわめて望ましいことなのである。

第三に、連帯チームにとっても、短期的成果を生むプロセスを通じて企業の実情に照らしそのビジョンをテストする絶好の機会が訪れる。このテストから実現する学習は大きな価値を伴う。ときにはビジョンそのものが完

壁でないことが判明する。さらに多くのケースでは、戦略の修正が必要であることが理解される。短期的成果を生むことに努力していない場合には、この種の問題は変革プロセスのずっとあとの段階まではっきり自覚されないこととなる。

第四に、素早く業績上の向上を示すことによって、批判勢力と経営幹部の中に存在する変革に反対する人物たちの反抗を押さえることができる。もちろん短期的成果によっては、反対勢力を完全に沈黙させることはできない（むしろ反対勢力が存在する状況は望ましい状況といえる。というのはさまざまな意見が存在することによって、企業全体が全く自覚のない状態で崖をころげ落ちてしまうことを防げるからである）。しかし短期的成果を示すことによって、反対勢力の所有する武器の一部を取り上げることが可能となるし、さらに必要な変革を一所懸命に推進している人材に向かって反抗勢力がやたらに攻撃を繰り返すことが難しくなる。一般的に言って、変革に対して批判し、反抗する人物の数が多い場合には、短期的成果を生むことが益々重要性を増す。

第五に、はっきりした成果の達成によって経営陣からの重要なサポートを保つことができる。中間管理層から役員会メンバーに至るまで、変革プロジェクトを上部から観察している人たちがその試みに信頼をなくした場合には、その変革は間違いなく苦境に陥る。

第六に、さらにもっとも広範な効果として、短期的成果は変革に必要とされる勢いを増すことができる。傍観者たちが支援者に変わり、消極的な支援者が積極的な支援者に変わる。この勢いは、次章で検討するように、第七段階を完了するために必要とされるエネルギーが巨大であることから、不可欠の要件となる。

成果を座して待つな

一般的に変革における短期的成果が果たす役割を評価しない傾向があるために、企業変革全体が道をあやまってしまう場合もある。しかし、経営管理者たちが短期的成果をしっかりした計画にもとづいて達成しようとしないために変革が挫折してしまうことのほうが多い。

「では、この変革がきちんと進められているという証拠として、二十四カ月以内にどのような成果が確認できると考えていますか」と私が尋ねた。

「四つか五つの可能性があるでしょう」と変革チームのひとりのメンバーが答えた。

「可能性ですって?」と私。

「はい。幸運に恵まれれば、注文処理プロセスか、注文発送グループのいずれかで大幅なコスト削減が実現するかも知れません」。

「幸運ですって」と再び私。

「マーケティング部門がしっかり仕事を進めれば、ニッチ(すき間)を狙った戦略が成功して売上げも向上するかも知れないですね」。

「増えるかも知れない程度なんですか」。

「ええそうです。それからわれわれが選んだ新しい広告代理店が、眼に見える形でマーケットシェアの拡大を狙ったテレビ広告作戦を積極的に展開してくれる可能性もあります」。

「可能性があるというのですか？」。

「そうです。以上に述べたことはどれも実現する可能性があります」。


成功を収める変革では、このような発言はまずでてこない。短期的成果は、単に運がよかったから生まれるわけではない。また単なる可能性にもとづくものでもない。みんなが自然の業績向上を願望し、祈願するだけのものでもない。むしろ短期的成果をしっかり計画し、その計画に沿って組織を作り上げ、成果を目指して計画を実行していくものなのである。ここで重要な点は、将来を犠牲にして短期的成果を求めるべきではないという点である。つまり眼に見える成果をあげて企業変革全体に対して十分な信頼を高めることが重要なのである。

ここでの質問。「この見解はあまりに当たり前に響く。ではどうしてみんながそのように行動しないのだろう。」この答え。「少なくとも三つの理由があげられる」。

第一に、人々はほかのことに手一杯であるために、短期的成果の計画に十分な時間を掛けることができない。また危機意識も十分に高まっておらず、ビジョンも明確に示されていないことも多い。その結果、変革全体がスムーズに進まず、人々は何とか状況を改善しようと右往左往する。このように混乱を極めた状態では、短期的成果を生むための計画には十分な時間が費やされず、人々の関心も集まらない。

また別のケースでは、人々が大規模な変革を進めながらなお短期的にもすぐれた成果をあげることは不可能だ、と信じているために、自分たちが短期的成果を生むことに熱心に取り組まないケースもでてくる。これまで数多くの経営管理者は、企業生活は、短期的業績と長期的業績との間の二者択一であると教えられてきた。この考え方によれば、長期的利益に注目して短期的利益を犠牲にするか、逆に短期的に業績を上げて将来を他人に譲渡してしまうかのどちらかの選択になる。この考えを押し進めていくと、大規模な変革プログラムに取り組むことは長期的な利益を目指すことを意味し、短期的成果を求めることは問題を生む行為ということになる。もちろん近未来に眼を向けることはどこでも要求されているけれども、単に短期的成果を目指してプランを作ることは論外となる。そのような要求は全く不可能なことだからである。

十年前であれば、私自身もこの考えに同調したかも知れない。しかし最近では、この考え方と正反対のことが起こっている例をたくさん見聞している。ある有名な経営者の発言を紹介しよう。「経営者の仕事は、短期的に業績をあげながら将来において勝利し、さらに強力な地位を築くことを目指すことである」。過去十年間に、十以上の企業がこの両方の目標を実現した例を私自身見てきた。これらの企業は、自社を将来に向けた強力な企業に組みかえつつ、いずれの四半期でもすぐれた業績を生みだしてきた。

短期的成果を生むためのプラニングを阻害している第三番目の原因は、すぐれたマネジメントの不在（とくに連帯チームにおいて）、さらには変革プロセスに対する主要なマネジャーからのコミットメント（参加意欲）の不足の状況である。一般的に言って、リーダーが長期的視点に取り組み、マネジャーが直近の未来に取り組む。ここですぐれたマネジメントが存在しない場合には、プランニング、組織化、コントロールといった機能が全くなおざりにされてしまう。

すぐれたマネジメントが存在しないところでは、評価や測定といった重要な側面に十分な配慮がなされないことになる。その結果、稼働している情報システムには、業績上の目覚しい向上が記録されなかったり、あるいは過小評価されてしまう。また有能なマネジメントが不在の場合には戦術の選択が熟考されず、あるいはおろそかな形で処置される。企業買収も、ビジョンに伴う合理的な選択にもとづくよりは、直観にもとづいて実行される。さまざまなプロジェクトの順序の決定、たとえば、リストラクチャリングは今年中に取り組むべきなのか、あるいは品質向上プログラムのあとに取り組むべきなのかといった決定もないがしろにされる。

二十世紀にはマネジメントが重視され続けてきたことから、ごく小規模で若い企業を除いては、ほとんどの企業でマネジメントの視点が不足している状況は見付けにくい。また小規模な企業においてはある時点までは、プラニングやコントロールなしでも生存を続けることが可能である。その企業の創設者がビジョナリー・リーダーであり、しかも決まりきった構造や制度を嫌う人物である場合（実際によく見られるケースであるけれども）、この人物がマネジメントにもとづく思考法の導入に抵抗を示すこともあり得る。しかしこのような状況では、変革の第六段階に至って大きな問題が生じる危険性が伴う。

大規模で長い歴史を持つ企業においては、マネジメント不足の問題は、新しい強力なリーダーがそのマネジャーたちを無視している場合、ないしはこれらのマネジャーたちが変革に対しコミットメントしていない場合に生じてくる。前者のケースは、遂には職を失ったカリスマ的な事業部門の責任者の例に典型的に示されている。彼はその心の底で、現状のシステムを維持しようと努力している人材はあまり重要ではないと考えていたのである。もちろん彼はこのことをはっきり口にしたことはなかったものの、彼の発言の行間からそれが伺えた。その結果、ほかの人材が彼に対して短期的な業績について助言しようとしたときも、それらの助言をたびたび無視してしまったのである。

また大規模で歴史の長い企業において、マネジャーたちが変革に対してコミットメントを示さない状況は、変革の初期段階が上手に処理されなかったケースによく発生しがちである。たとえば危機意識が高まっておらず、連帯チームに主要なマネジャーが参加しておらず、すぐれたビジョンが周知徹底されておらず、さらに多数の従業員をエンパワーしていない状況では、マネジメント過剰でリーダーシップの不足する企業の人材、とくに必要とされる短期的成果を生みだすことに貢献し得るマネジャーたちが、変革プロセスの間中、傍観者の側にまわってしまうのである。

強いプレッシャーもあながち悪くはない

企業変革の進行中に短期的成果を目指す場合には、社員に強いプレッシャーが加わる。このような余分な要求は不必要であるという議論も聞こえてくる。「このような余分な仕事がなくてもわれわれは忙しい。少しは休ませて欲しい」と主張する。

この考え方にも一理ある。しかし私自身、短期的なプレッシャーが危機意識を保つことに貢献した実例を見てきている。大規模な変革が、一、二年続き、しかもまだ終わりが見えていない状況では、どうしても変革のペースはスローダウンしがちとなる。人々は、「この変革にあと四年掛かるのであれば、それが四年三か月になってもとくに問題とはならないのではないか」と考えはじめる。ここで危機意識が低下するに従って、どんなことを達成する場合にも困難が生じる。一カ月以内に完成していたささいなプロジェクトが三カ月掛けても達成できなくなる。

もちろんプレッシャーがいつも危機意識を生むわけではない。短期的成果を生みだすための余分な負担が、社員にストレスと過労を生みだすだけに終わることもある。しかし成功を収める変革プロセスでは、経営幹部は、ビジョンと戦略を繰り返し説明することによって、このプレッシャーを危機意識と関連づけることに努める。「われわれはこの目標を達成したいと考えているが、なぜこの目標が重要であるかは次のように説明できる。短期的成果を生まない限り、われわれはすべてを失うことにもなる。顧客、株主、従業員、地域社会に対してわれわれが達成したいと考えていることがすべて無に帰してしまう。だからこの成果を生みださなければならないのだ」と。この種のコミュニケーションが困難な努力に活力を与え得るし、社員のやる気を高めることに貢献する。大規模な変革に十二カ月から三十六カ月も取り組んできた段階では、疲れを覚えた社員たちが、何らかの新しいモティベーションを必要としていることは間違いない。

短期的成果は見せかけの成果であってはならない

ある意味では、すべてのマネジメントには何らかの操作が含まれている。この考え方は短期的な業績向上を生む際にも当てはまる。私自身、経営によるこの種の操作がはっきり観察できるレベルで行なわれ、良い結果と同時に悪い結果を生む危険が生じたケースに出食わしている。

大規模な変革の試みで築き上げてきた勢いを維持するために、フィルは経理上の魔術師の役柄を見事に演じた。この費用をアモタイズ（割賦償還）しよう、これを減価償却しよう、この部門のコストをもっと削減しよう、いくつかの資産を売却しよう、とさまざまな方策を繰りだした。その結果、毎期ごとの利益はゆっくりであったけれども連続して向上を示した。だれかほかの人たちが彼のやり方に異を唱えると、彼は勇敢に吸血鬼退治に挑む人物が十字架を振りかざすように、利益を示す帳票を振りかざして、批判する人たちを沈黙させた。彼のこの戦略はしばらくの間は効果をあげた。

彼のような経理の魔法使いは、きわめて困難な状況においては効果を発揮する。しかしこの方法に伴う危険性はきわめて大きいと言わざるを得ない。まず第一に、この方法は麻薬と同じように習慣になってしまう。この種のゲームに一度でもはまってしまうと、そこから抜けだすことがきわめて困難になる。まやかしの短期的成果は将来に問題を発生させる。つまりこのような問題はさらなるまやかしの成果を示すことによってのみ他人の眼からかくし続けられることとなる。第二に、主要な経営幹部の間に、さらに数多くの批判勢力と反対者を生みだしてしまう。というのは、このような経営幹部は、本当に何が起こっているのかを理解する能力を備えているからである。パワーを備えた批判者たちは、強力な破壊力も備えている。第三に、このようなやり方は倫理にもとると考えている人々が敵側に回ってしまう危険が伴う。

しかしこのような望ましくない危険性の一部は、連帯チームの全メンバーが討論を重ね、これらの方法を使うことに合意する場合には、ある程度解消される。しかしこのような場合でも、取りつくろった成果によっては、第七、第八段階の変革プロセスをさらに力強く推進していくための強力な基盤を築くことは不可能となる。すなわち、変革を下支えする短期的成果はまがいものであってはならない。たんなるまぼろしや鏡に映った姿であってはならないのである。

マネジメントの果たす役割

マネジメントの要締は、しっかり目標を設定し、それらの目標に対して予算を立て、その推進のために組織を作り、そして目標を軌道に乗せるプロセスをしっかりコントロールしていく、という点に求められる。これらの点を理解すれば、成功を収める変革過程で短期的成果を生む必要は、その重要な原則を反映しているという事実を容易に理解できるはずである。企業変革は単にリーダーシップのみを必要とするプロセスではなく、すぐれたマネジメントも不可欠の要件なのである。図8―3に示したように、これらの二つの要件を上手にバランスさせることが必要となる。

いかなる大規模な変革プロセスにとってもリーダーの働きがあまりに重要であることから、企業変革はリーダーシップの機能であると結論しがちである。言うまでもなく、数多くの人材から強力で、有能なリーダーシップが発揮されなければ、リストラクチャリング、業績改善、文化変容のプロジェクトが効果的に進むことは全く期待できないし、場合によってはこれらの変革が全く進まなくなる。しかし変革にはリーダーシップ以外の要件も必要とされている。たとえばリストラクチャリングには財務上の専門知識が必要となるし、リエンジニアリングには技術的知識が必要となり、企業買収には戦略的思考が要求される。いかなる大規模な変革プロジェクトのプロセスにおいても、実際の経営がコントロールの道筋から逸脱したり、崖からころげ落ちないよう

図8-3　リーダーシップ、マネジメント、短期的成果、成功を収める変革の間にある関係

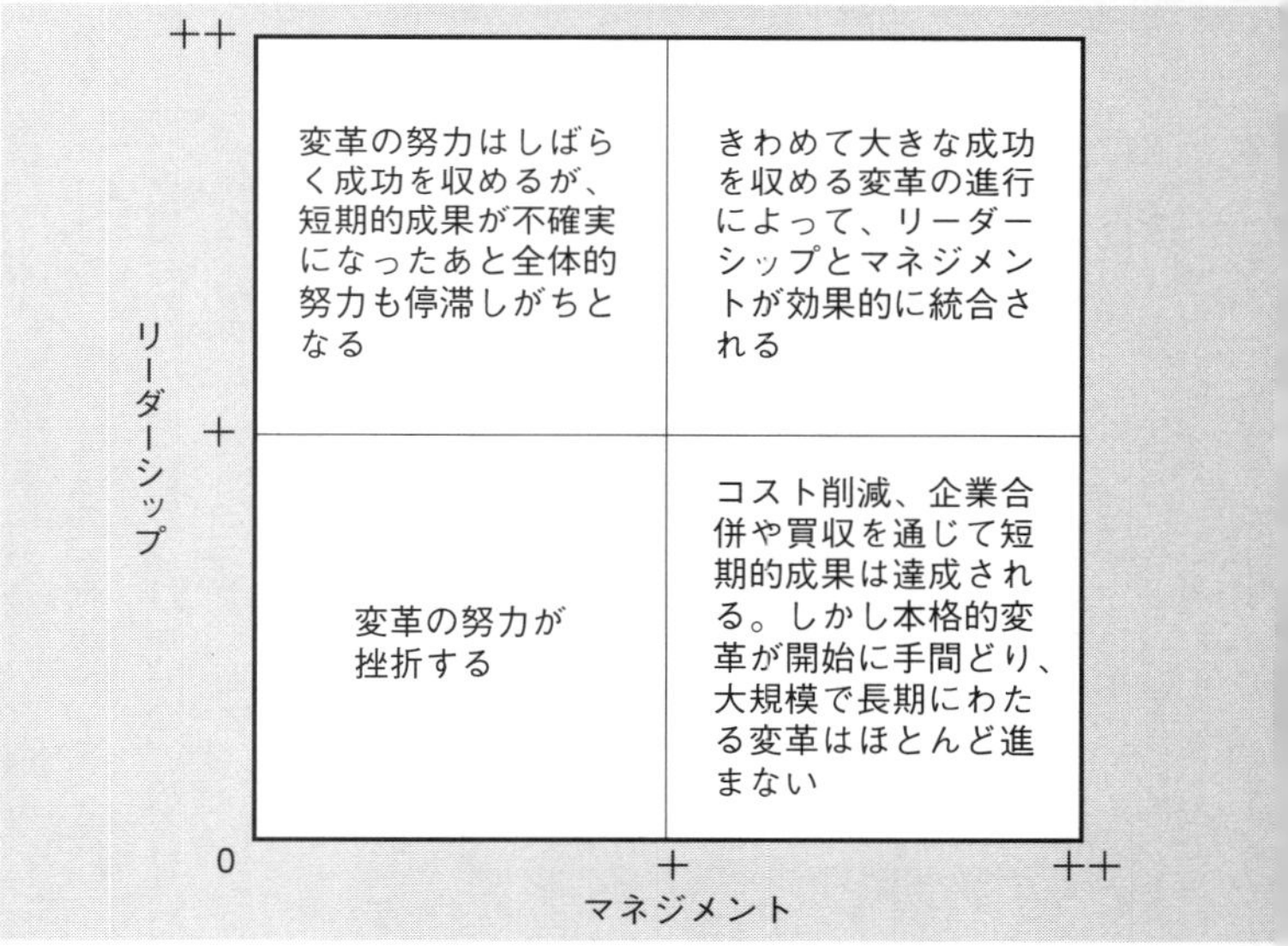
++
変革の努力はしばらく成功を収めるが、短期的成果が不確実になったあと全体的努力も停滞しがちとなる
きわめて大きな成功を収める変革の進行によって、リーダーシップとマネジメントが効果的に統合される
リーダーシップ
+
変革の努力が挫折する
コスト削減、企業合併や買収を通じて短期的成果は達成される。しかし本格的変革が開始に手間どり、大規模で長期にわたる変革はほとんど進まない
0
+
++
マネジメント

にしっかり管理されなければならない。

ここで質問。「しかしマネジメントが必要であることはあまりに明白ではないか。」これに対する答え。「確かにそうだ。しかし変革をはじめるカリスマ的リーダーには、マネジメントの重要性が理解できていないこともある」。

カリスマ的リーダーがマネジャーとしては優秀でないことも多いが、彼らはわれわれを説得して、われわれがなすべきことは彼らのあとをついていくことだ、と信じさせる術を身につけている。「そのような経営上の細かい数字にわずらわされることはない。このビジョンをよく頭にいれておいて欲しい。」「あまり業績を気にすることはない。しばらくすれば改善されるよ。」たしかにわれわれの理性のレベルではこのようなやり方に疑問を感じるが、感性のレベルではこのような言葉にまどわされる。

私はカリスマが悪いと言っているわけではない。さまざまな例を見ても、個人の魅力は変革の推進にきわめて大きな効果を発揮することが証明されている。しかしカリスマ的リーダーがすぐれたマネジャーではないとき、あるいは他の人が備えているマネジメント能力に価値を認めないときには、短期的成果を生むという努力がおろそかにされ、問題を発生させてしまう。その結果、変革の第七段階を完了するために必要とされる信頼と勢いが生みだせない。次章で検討するように、第七段階における変革の規模はきわめて巨大である。その規模と広がりを持つ変革は、信頼とともに強力な推進力を生む強固な地盤なくしては決して実現しない。

ある意味では、変革の最初の六段階に伴う主要な目的は、数多くの企業に存在する、変革を妨害する石の壁を爆破するに足る勢いを築き上げることである。われわれがこれらのいずれの段階を無視しても、変革の試みは危機にする。

過去何十年にもわたり存続してきた企業には、きわめて厚い石の壁が存在している。とてつもない厚さの壁が存在しているのである。

第九章

成果を活かしてさらに変革を進める

参加者が年次経営総会の会場に到着すると、過去十二カ月の企業業績をほめたたえた新聞、雑誌の記事をまとめた冊子が配付された。祝宴の最初のあいさつでは、CEOが百十人の経営幹部が達成した業績をたたえ、その夜のパーティーを四回の乾杯でしめくくった。総会の第一日目を通じ、少なくとも六人が壇上に立ち、最近の成果を報告し、聴衆に挨拶を繰り返した。この夜には表彰パーティーが開かれ、十五人の受賞者に楯が贈られた。次の日の午前中も、「最高の実践」についての発表が続き、なお自社の業績をたたえ合う話しが繰り返された。その夜は有名な歌手がまねかれ、聴衆を魅了した。これらのすべてが人々のエゴを空高く舞い上がらせるのに十分であったが、CEOが行なった最後のお祝いのスピーチはエゴを満足させたという点で正に圧巻であった。

それまでともかくも経営幹部間に保たれてきた危機意識はこの総会ですっかり消え去った。この会議で言外に示されたメッセージは隠しようのない、あまりにも明白なものであった。つまりわれわれは、この難しい企業環境を克服したのだ、というメッセージであり、とても耳にここちよいメッセージだった。「われわれが達成した最近の業績を見てください。いまわれわれは、すばらしい状態を築き上げた。リラックスして、音楽を楽しもうではありませんか」。

たしかにだれも実際に「リラックスしましょう」とは言っていないし、CEOも、数年前にはじめた企業変革を完了するまでにはさらに幾多のことを実行していくべきであることをはっきり認識していた。彼がこの総会で目指したことは、彼の社の経営幹部に感謝の意を表わし、心からの賞讃によって彼らをさらにモティベートしようというものであった。しかしそこで聴衆が受け取ったメッセージは、変革に伴う困難な課題はすでに達成されたというものになってしまった。

この翌年になると、企業で進んでいた十二の変革プロジェクトは停止に至るか、あるいはスローダウンした。コンサルタントによって提案されたある事業部におけるリエンジニアリングの試みは棚上げにされた。またほかの事業部で進んでいたリエンジニアリングも一時的に延期されることになった。さらに、これまで合意に達していた人事制度の改革についても、人々は突然に考え直そうと言いだした。またこの企業の一つのビジネス部門を売却することを依頼されていた投資銀行も、そのプランをしばらく延期するように指示された。初期に課題として発見され、その年にアクションを開始すると決定されていた問題が棚上げにされた。トップ経営層に属する重要な変革推進者たちが実際に何が起こっているのかを十分に掌握する前に、過去三年間に築き上げてきた変革を進める勢いがすっかり消え去ってしまったのである。

大規模な変革、とくに大企業における変革には長い時間が掛かる。この際に、さまざまな力が作用して、変革がゴールに達する前の段階でそのプロセスを停止させてしまう。たとえば、重要な変革推進者の人事異動、リーダーたちに蓄積される疲労、あるいは不運な展開といった力である。このような状況下では、短期的成果が変革の勢いを維持するために不可欠であると同時に、危機意識を低下させるような方法で短期的成果を祝うときには、壊滅的な結果をまねく原因ともなり得る。つまり、現状肯定の意識が高まって、かつて存在した伝統的勢力が、目覚しい力とスピードで力を盛りかえしてくるからである。

反対勢力はつねに地盤回復を狙う

変革に対抗する、合理性を欠いた、政治的な動きを示す勢力が完全に消え去ることはあり得ない。たとえ変革が初期段階で成功を収めたとしても、自己中心的なマネジャーを完全に屈服させることはできない。彼らは、組織再編成の波が自分の領域に及んできたときに変革に対して抵抗を示す。あるいは、狭量なエンジニアは企業がどうして顧客のことばかりを心配してそれほど時間を掛けるのかを理解しない。また頑迷な財務担当役員は、従業員をエンパワーすることなど馬鹿げていると考える。確かにこのような人たちを地下に潜行させたり、背の高い草木の蔭に追いやることは可能である。しかしこれらの人たちを完全に変容させるか、組織から去ってもらわない限り、彼らはそこにじっと座り込んで、カムバックの機会を待ち続けているのである。ここで変革推進者が短期的成果を祝うときに方法を間違えると、彼らにカムバックの機会を与えてしまうことにもなりかねない。

またこのような変革反対者が狡猾で、強い批判の心を抱いている場合には、彼ら自らで短期的成果のお祝いを率先してはじめようとすることすらある。きわめて盛り上がった祝勝会のあと、彼らはそこで暗示されたメッセージに命を吹き込む。彼らは「このミーティングはわれわれの勝利の証だと思う。十分な犠牲を払ってきたが、われわれはいくつかのことを達成した。ここでしばらく休憩を取ることも必要だろう」と触れ廻る。ほかのメンバーが本当に疲労している場合には、たとえ彼らがさらに多くのことをし残していると理解していても、このような甘言に耳を傾けてしまう。彼らは、少々休憩と安穏を楽しんでも害はなかろう、むしろ休憩を楽しめば、次の段階にまた意欲をもって取り組めるだろう、と考える。

しかしここで間違いを犯せば、重大な結果につながる。私自身、過去十年間に十以上の大規模な変革の試みを見聞してきた結果、重要な結論を導きだした。すなわち「ある課題を完了するまえに中途で放棄すると、不可欠である推進の勢いが消え去り、元に戻ってしまう」という結論である。変革に伴う新しい方法が新しいバランスに到達し、企業文化に定着するまでは、これらの方法はきわめてぜい弱な存在なのである。三年間にわたるハードワークもまたたく間に消え去る。またひとたび後退がはじまると、再び変革のための推進の勢いを取り戻すことは至難の業となる。丁度、大きな岩が丘をころがりはじめているときに、その岩に身を投げだせ、と人々に求めることと同じことになる。変革に夢中になっている人以外はまずこの法外な要求を拒否するはずである。このような状況で、言い訳を考えだすわれわれの能力は正に驚くべきものがある。つまり、「私はもう十分に役割は果たした。今度はファンさんの番でしょう」、「われわれは少々やり過ぎたのではありませんか。ここで少し後戻りするのもよい考えではないでしょうか」といった言い訳を考えだす。

前進がまたたく間に止まってしまう原因として、次の二つの理由が挙げられる。第一は企業文化に関わるもので、この点については次章でもう少し詳しく検討する。第二は、急速に変化を続ける環境によって生みだされた相互依存の増加傾向にかかわる要因である。つまり、すべてのことを変えない限り、いかなる変化も進みにくくなるという状況を生んでしまう「相互依存関係」の存在である。

相互依存関係から生じる問題

すべての組織は、お互いに相互依存し合うさまざまな部分によって構成されている。たとえばセールス部門に起こったことが製造分野に影響を及ぼす。R&Dの業積が製品開発に影響する。技術開発部門が製造部門に影響を与える。これら相互依存性の程度は企業によって差が見られる。これはビジネス環境における競争力に代表されるようなさまざまな要素が関わっているからである。

動きの緩やかな寡占的経済が、ほぼ二十世紀を通じてほとんどの主要産業で保たれてきたが、このように比較的安定し、繁栄を続けた環境では、各企業とも、社内各部門の相互依存関係を最少レベルに保つことが可能であった。生産過程における巨大な在庫の存在が工場内の各部門の調整にクッションの役割を果たし、各部門はかなりの程度の自律性を保つことができた。さらに最終製品の大規模な在庫によって、製造部門はセールス部門からの要求も吸収することが可能であった。また、かなりゆっくりした、比較的単純な製品開発プロセスの存在によって、技術、セールス、マーケティング、製品の各部門はかなりの程度の独立性を保つことができた。さらに効率的な輸送システム、コミュニケーション手段がいまだ出現していなかったために、たとえばマレーシア支社の経営はニューヨーク本社に干渉されずに自由裁量を生かした経営を続けることを許された。

しかし最近になって、このような経営の進め方は、いくつかの理由、とくに競争激化の理由によって減退している。いまもなお独占を続ける例外的な企業を除いては、巨大な在庫を持ち続けること、ゆっくりした、単純な製品開発を続けることが許されなくなっている。また海外支社が独立的に経営を進めることも難しくなっている。したがって、現在および近未来で存続していくためには、ほとんどの企業は、よりスピーディーに、より低コストで、より顧客を重視する方法で経営を進めることが要求されており、その結果、社内の各部門間の相互依存関係が益々強まっている。各企業は巨大な在庫を抱えることを避けるために、工場内のさまざまな部門の活動をさらに効果的に調整していくことが求められている。また新製品をさらに素早く開発すべしというプレッシャーが加わり、製品開発に関わるさまざまな活動を効果的に統合していく必要が生じている。このように益々相互依存性が増大している状況下では、変革の推進はさらに難しくなってくる。当然のことながら、独立を享受する部門が数多く存在している環境におけるほうが、変革を推進しやすいことは論をまたない。

ここで家具が望ましい形では配置されていないオフィスの姿を想像してみよう。このような部屋に飛び込んで、あなたはまず椅子を左に動かしてみる。本を棚に収める。ハンマーを取り出して、壁に掛かった絵画を少々ずらしてみる。このような作業は、比較的簡単な作業であるので、だれでも一時間程度で終了できるはずである。この作業と同様に、独立性を保つさまざまな部門によって構成されている環境においては、比較的容易に変革を進めることができる。

次に、たくさんのロープ、ゴムひも、ケーブルが、置かれている家具や装置をがんじがらめに結びつけているような、もう一つのオフィスを訪れた状況を想像しよう。まずあなたは、ものにつまずかずに部屋にはいることに苦労するだろう。椅子をどけて道を作るべく、その椅子を押してみるが、この軽い家具がびくとも動かない。なお強く押すと、椅子は五センチ程度動く。しかし本棚から数冊の本が滑り落ち、またソファーがあなたの望まない方向にずれてしまう。何とか苦労してそのソファーにたどりついて、ソファーを元の場所に押し戻そうとするとこれがぴくりとも動かない。三十分も苦闘してやっとソファーを押し戻すと、今後は電気スタンドが机から滑り落ちて危なげに空中にぶら下がり、やっと一方向に走るケーブルと他方向に走るロープに引っかかって途中にとどまる。

現代の企業組織は、このような混乱したオフィスの姿に益々似てきている。組織内のすべての構成物がお互いに関連し合っているので、その一つの部分だけを変えることがきわめて難しくなっている。たとえばメアリーに新しい方法によってある仕事を進めることを頼む。しかしメアリーは行動を起こさない。あなたはもう一度頼んでみる。メアリーはほんの少し、その方向に協力を示す。あなたがさらにプッシュする。メアリーはさらにもう少し動く。ここであなたはメアリーに腹を立て、彼女の性格ややる気のなさについて意地悪な評価を下す。しかし本当の原因は、メアリーの行動にさまざまな力が作用して現在の位置にとどめている状況（先の椅子やソファーの例と同様に）が問題なのである。彼女の場合には、ロープ、ケーブル、ゴムひもの代りに、上司、組織構造、業績評価システム、個人的習慣、企業文化、同僚との関係、さらにもっとも重要な要件として、所属するグループや部門、部門のメンバーから発せられる、絶え間ない数々の要求といった諸力が影響を及ぼしている。

このような状況でメアリーに新しい方法に添って行動してもらうことはきわめて難しい。さらに彼女と同様な立場に置かれている何千人という従業員たちにいままでと違った方法で仕事を進めてもらうという要求は、さらに困難な挑戦となる。

密接に関連し合ったやっかいなシステム

成功を収める変革において、過去にわれわれが個人的に直接体験してきた変革のほとんどは、最初に紹介したような現実に存在するオフィスの例に近い。椅子が望ましいところに置かれていないのでただそれを動かそうとする経験である。しかしわれわれのうちの大多数は、内部が密接に関連し合ったシステムで、どのように大規模な変革を進めるのかについてはほとんど学んできていない。その結果、今日の企業における挑戦がさらに難しいものとなっている。

経験不足が災いして、われわれは重要な事実をしっかり把握できない。すなわち、密接に相互依存関係を結んでいるシステムでは、ほとんどの要素を変えなければならないために、変革がきわめて困難になる、という事実である（図9−1）。すべての要素が相互依存的に関連し合っているために、たった一つの要素のみを変えることは不可能なのである。そこでは、何十、何百、何千の要素を変えなければならないが、その作業はきわめて困難で、多大の時間が要求される。そのうえ、その作業が少人数によって進められる場合には、まずその変革の実現は期待できない。

すべての家具や装置がお互いに結びつけられている、比較的単純なオフィスのケースにおいてさえ、そこに存在する相互依存性が変革の努力を著しく複雑なものにする。たとえば、オフィスを訪問する顧客に快適に過ごしてもらうための広いスペースをかせぎ出そうとして、先に紹介したようなすべてががんじがらめに結びつけられた、十あまりのオフィスで家具を移動する作業に取り組む場合である。会社のパンフレットを顧客にしっかり読んでもらうためにソファーの脇に電気スタンドを移動させる。さらにソファー脇に置かれていた座りごこちの悪い椅子を机のうしろに置かれた椅子と交換する。顧客がいつも要求するパンフレットをソファーの前のコーヒーテーブルに置いてみる。この場合、ほとんどの家具がそれぞれ独立的に配置されているオフィスであれば、十あまりのオフィスで家具の配置換えを進める場合にも、一人の人物が一、二時間掛ければ十分であろう。しかしすべてがロープ、ケーブル、ゴムひもで結びつけられているようなオフィスでは、このような配置換えにはさらに多大の時間と作業が必要となる。

ではこのような状況にどのように取り組むことになるのだろうか？　あなたが過去にこのような作業に取り組んだ経験がない場合には、二、三人の部下を選んで協力を求めるか、命令を下す

図9-1　さまざまな程度の相互依存性を示す諸システムのなかで変革を進める

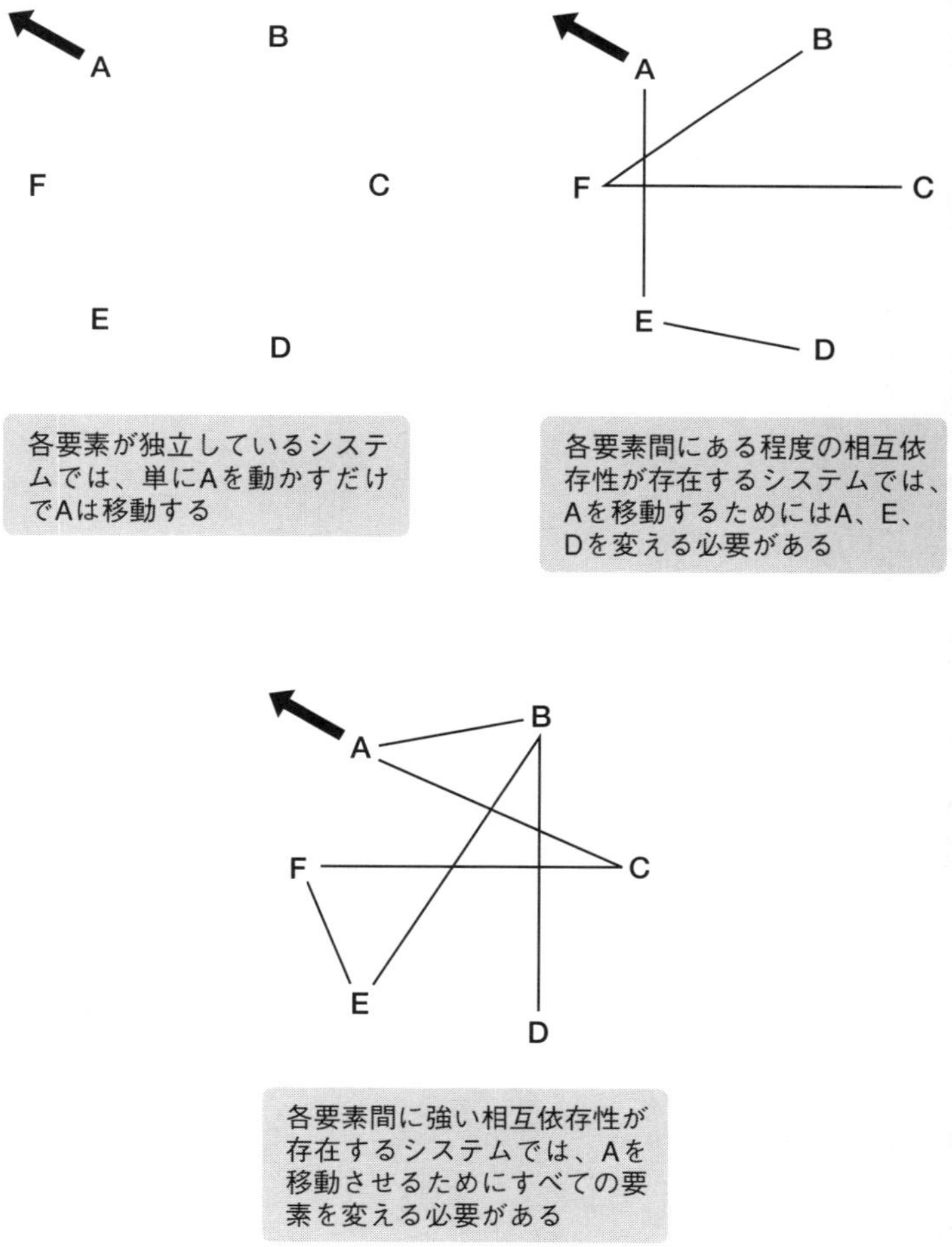

A
B
C
D
E
F
各要素が独立しているシステムでは、単にAを動かすだけでAは移動する
A
B
C
D
E
F
各要素間にある程度の相互依存性が存在するシステムでは、Aを移動するためにはA、E、Dを変える必要がある
A
B
C
D
E
F
各要素間に強い相互依存性が存在するシステムでは、Aを移動させるためにすべての要素を変える必要がある

かして、作業に取り組みはじめるだろう。しかしいろいろ努力しても成果に結びつかない。フラストレーションばかりをつのらせる数時間の作業に取り組んだあと、協力者たちはこの作業から降りる口実を探しはじめる。あなたのこの小規模な変革プロジェクトに対する悪しき評判は社内にまたたく間に広まる。もちろん、顧客により良いサービスを提供したいと願う信奉者の数人は協力を申し出るかも知れない。しかしほかの多くの人たちは、あなたと廊下で出喰わすと急いで身をかくすことになるだろう。

あなたがこのような状況にかつて取り組んだ経験を持っている場合には、まずこの状況にしっかり対応できる能力を築き上げるまでは、ゆっくりしたペースを保つべきであることを理解しているはずである。最初に問うべき質問は、とくに顧客により良いサービスを提供するという課題に対し、危機意識が十分に高まっているかどうか、という問いであろう。ここで、外部の評価にも裏付けされた、いつわりのない答えがイエスである場合には、変革を進行させてよい。もしこの答えがノーの場合には、いかに人々の現状満足の気持ちを減少させ、逆に危機意識を高めることができるのか、を問う必要がある。

過去に相互依存性の強いシステムの変革に取り組んだ経験のない人たちは、この種の変革に取り組むと早々にいらだちを感じてしまう。「こんなことは馬鹿げている。私自身、この集団の人たちの間に危機意識を高めようとすれば、何日も何週間も努力しなければならない。しかし私にはそんな時間的余裕が持てるはずもない」と考える。そして二人の部下を選んで、とにかく行動を起こせと命令するに違いない。

経験豊かな変革推進者は、自分のいらだちをどのように処理すべきかをよく心得ている。顧客サービスについて従業員の抱く現状満足の問題に取り組みを開始すると、まず彼らは第一ステップとして、そのプロジェクトを推進するためのチームを編成する。しかし危機意識があまりに低いときには、この組織のメンバーのだれもプロジェクトに関心を寄せていないので、チーム編成すら不可能となるケースも出てくる。そのような場合には、彼らは、まず現状満足の感情を減らすことを念頭に置きながら、新しい方向についてのビジョンを明確に打ちだすことに努力する。

このような単純なケースでは、変革推進のための連帯チームには、二人か三人のメンバーに参加してもらえば十分であろう。三人のメンバーが協力して変革の方向を示すビジョンを生み、さらにそのビジョンを実現するための戦略をほかの人たちに伝えていく。連帯チームは、その状況と変化後の将来に何らかの関連を持つ、二十人、五十人、百人の人たちにその情報を伝える、適切な方法を見つけだす。さらにチームは、ビジョン実現に障害となるさまざまな要因を明確にし、そのリストのもっとも重要性の高い問題から順に、解決に取り組みを開始する。この段階に至ってはじめて、オフィスの家具をどのように移動させるべきかのプランニングに取りかかり、協力をしてもらいたい人たちを選びだし、そして実際の家具の移動を開始することが可能になる。

家具の移動といったプロジェクトは、巨大な企業を再編成していく要請に比べれば、きわめて小規模でささいな作業であるので、現状満足が例外的に高い場合を除いては、二週間ほどで完了できるはずである。しかし、これまで相互依存性の高いシステムで大きな変革を進めた経験が一度もなく、その結果、二、三人の部下を連れてその作業を半日のうちに終えてしまおうと考えている人物にとっては、この二週間がきわめて長い時間に感じられても何の不思議はない。

ところで一つのオフィスで変革に取り組みはじめると、それは大規模な単一の変革ではなく、さまざまなプロジェクトの連続であることに気付くはずである。ここで各プロジェクト間に適切な順序を決めて進めていく必要に気付く。つまり、机のうしろの椅子を動かす前に、何かほかのことを完了しておかなければならないのではないかといった配慮である。すぐれたリーダーの場合には、関係者のやる気を保つために、短期的成果を織り込む工夫をする。このような短期的成果がその都度確認される状況においてさえ、一部の人たちは、一体このような変革が本当に必要なのだろうかと疑問を抱きはじめる。たとえば、余分な照明がなくとも顧客はパンフレットを読めるではないか。ソファーの脇の椅子もそれほど座りごこちが悪いわけではない。顧客にも少し動いてもらって、自ら本棚へ行ってパンフレットを選んでもらえばよいではないか、といった疑問である。

しかし変革推進者としてオフィスの家具の再配置に情熱を感じている場合には、この人物は、変革を推進していくためにたくさんの方法を見つけだすはずである。たとえばこのような状況で家具を移動することが得意な人たちを選んで、作業チームに参加してもらう。あるいは、この変革の目的を説明する、さらに新しい適切な方法を見つけて、ビジョンのコミュニケーションが途絶えることを避ける、といった工夫である。

変革を完全に断念しない限り、変革の後のほうの段階で新しいプロジェクトをはじめることも可能である。たとえばケーブル線やロープの張り巡らされた現状をはっきり理解すると、そのうちの一部は全く役に立っていないことに気付き、それらを除去しようと考える。ロープやゴムひものの除去はかなり簡単に完了する。しかしケーブル線の除去はかなり難しい。あるいは変革が進むに連れて、訪問客へのサービスを最初に計画したプラン以上に向上させ得るほかのアイディアを思いつく。顧客の眼に太陽光が直接当たらないようにブラインドをもう少し下げたらどうだろう。このような新しいアイディアごとに新しいプロジェクトを開始する方法ではなく、これらの問題をすでに稼働しているプランのなかに繰り込んでいくという便法を見つけだすこともできる。しかし現実にはこのような便法が、発見できることもあるし、発見できないこともある。

以上のような努力の結果、最初に計画した以上の変革を実現することが可能になる。同時に、このような努力をすれば、当初に計画した以上の時間とエネルギーが必要となることも間違いない。しかしここで生まれる利益は、変革推進者として、新しい技能を獲得でき、かつ不必要なワイヤーやケーブルを除去することが実現することから、将来同じような変革に取り組む際に、いまより有利な立場に立てるという利点である。さらに言うまでもなく、オフィスが顧客に対して数段使い勝手のよいオフィスに生まれ変わるという利益も享受できる。

組織の変革

組織内で変革を進めるプロセスは、いくつかのオフィスで家具を配置換えしたプロセスとそれほど違わない。まず第一にたくさんの人たちからの協力が不可欠である。また計画のはじめから、すべての変革を完全に見通すことは不可能である。変革の助走段階でも、予想をはるかに超えたレベルの時間とエネルギーが必要とされる。実際のアクションにおいては、さまざまなプロジェクトが連続した形で進められる。変革の規模が明らかになると、その規模に圧倒されて変革をあきらめたくなる。しかし何とか変革を継続する道を歩み続けると、当初に予測した以上の時間が掛かることが理解される。

一般的に、変革プロセスの最初の目覚しい業績向上の証は、プロセスの半ば以前に明らかになってくることが多い。一部の人たちはその時点で変革を終了させたいと願う。しかし成功を収める変革では、その連帯チームは、この短期的成果によって生まれた人々からの信頼を活かして、さらに数多くの大規模なプロジェクトを追求することに努力し、変革そのものをさらに早いスピードで推進しようとする。たとえば強い抵抗に合って当初断念されていたリストラクチャリングを遂にスタートさせる。また変革の当初に計画されていた新しいリエンジニアリングのプロジェクトを開始させる。戦略プランニングのプロセスを改革するプロジェクトをもう一度復活させる。しかしこの段階で、リストラクチャー、リエンジニア、戦略プランニング改革のプロジェクトを推進していくためには、それと同時に、訓練プログラムを作り直し、情報システムを改善し、各部門の要員を増減させ、新しい業績評価システムを導入していくことが必要であることに気付く。その結果、相互依存関係が張り巡らされている企業組織内の数多くの部分を変革アクションの対象に繰り込んでいくことが要求される。

一九五〇年代と六〇年代にマネジャーとして育てられてきた人たちには、十や二十の変革プロジェクトが同時に進行する状況はとても理解できない。しかし大規模な変革の第七段階では、このような状況が実際に起こってくるのである。

ここで質問。「それにしても、経営幹部はどうやって二十の変革プロジェクトを同時に管理できるのか?」それに対する答え。「確かにそれは不可能である。しかし成功を収める変革では、経営幹部が変革の全体的な方向をリードし、ほとんどのマネジメントの責任と個別のプロジェクトのリーダーシップの責任を部下にまかせることによって、数々のプロジェクトを完成させる」。

三十年前に同様な問題に挑戦し、成功を収めた企業が活用した方法を用いて、現在の企業が二十の変革プロジェクトを同時に推進しようとしも、その変革のほとんどは成功しない。ここではいかに有能な人材が参画していても、変革プロセスが前進しないのである。経営幹部たちが、対立解消と問題調整のための果てしのないミーティングに一日十六時間を費やしたとしても、変革プロセスの恒常的遅れを解消できない。

変革は、二つの関連し合った理由で暗礁に乗り上げる。第一に、旧来のマネジメントによる方法を用いて二十にも及ぶ複雑をきわめる変革プロジェクトに対応していくためには、その方法はあまりにも中央集権的過ぎるのである。三十年前にそうであったように、数人の上層部マネジャーたちがすべての詳細に首をつっ込むことになると、すべてのプロジェクトがスローダウンしてしまう。第二に、変革推進のためのビジョンと調整機能というリーダーシップのみが実現し得る項目が存在しない状況では、それぞれのプロジェクトの推進に責任を持つ人たちが、お互いの領分に足を踏みいれないように努めようとして、その仕事の調整に果てしのない時間を費やす必要がある。

二十のプロジェクトを同時に進行させることは、(一)経営幹部が全体を展望するリーダーシップの役割を果たし、(二)経営幹部が、マネジメント機能と個々のプロジェクトにおけるリーダーシップ機能を組織のできるだけ下部の人材に権限委譲することによってのみ実現できる。この方法を用いれば、十人と言わず百人、百人と言わず千人の人材が、二十のプロジェクトに協力することが可能となる。さらに重要な点がある。すなわち、経営幹部がリーダーシップをきちんと発揮することで、組織の下部に属する社員たちは、ミーティングに何度も出席しなくても自分たちの仕事を進めるために必要な情報を得られるようになるのだ。

次の二つのケースを考えてみよう。第一のケースでは、トップ層にすぐれたリーダーシップが備わっていないために、変革プロジェクトを推進しようと努力している人材が、何が企業全体のビジョンなのか、自らのプロジェクトがどのようにそのビジョンに関連しているのかについて全く理解していなかった。彼らは、技術部門の間接コストを二十%カットしなければならない、あるいは工場に部品が納入されるプロセスをリエンジニアしなければならない、さらには後継者プランニングのプロセスを計画し直さなければならない、といった個々のプロジェクトのレベルで理解していたにすぎない。彼らが自らのプロジェクトを遂行しようとすると、ほかの二十のプロジェクトとつねに衝突を繰り返す結果をまねいた。「そんなことをしてはいけない。われわれの仕事を妨害する」、「われわれはそのリソースを今日必要としている。なぜあなたの計画をもっと早く知らせてくれなかったんだ」と攻撃し合うこととなった。経営幹部はこの種の対立を調整し、優先順位を決めようと努力したものの、彼らにもそれだけの時間的余裕は持てなかった。その結果、人材にフラストレーションを生み、ミーティングの回数が益々増え、政治的闘争が激化し、遂には混状況に陥った。

第二のケースでは、上層部のすぐれたリーダーシップの存在によって、すべての人材が、全体像、全体的ビジョンと戦略、さらに自分のプロジェクトが全体像にどのような関連を持っているかについてしっかり理解していた。ここでは、何度もミーティングを持たないでも、さまざまなプロジェクトに取り組む人材は、同一の長期的ゴールを目指すことが可能となった。また彼らは、どこでほかのプロジェクトと対立に陥るか、全体的なビジョンに照らしてどのプロジェクトに優先順位が与えられるべきか、企業全体を前進させるために何をすべきか、を理解することができた。このような状況では、十分な時間と適切な情報を備えた組織下部に属する人材によって、さまざまな対立が解消された。上層部にすぐれたリーダーシップが存在していたので、組織下部に属するこれらのマネジャーたちも、企業全体の変革に貢献できただけでなく、階層組織で生じがちな馬鹿げた政治的対立に巻き込まれることもなく、なすべきことを遂行することができた。

上層部にすぐれたリーダーシップが存在し、かつ組織下部のマネジメントとリーダーシップ機能に十分な権限委譲が行なわれれば、二十の変革プロジェクトを同時に進行させることが可能となる。しかし、これらの二つの要件のいずれかを欠く場合には、二十のプロジェクトは混乱に陥り、さらに変革の第七段階が崩壊する可能性が高い。

無意味な相互依存性を排除する

社内に存在する相互依存関係が変革の推進をきわめて困難なものにする。したがって、変革の第七段階に至ると、人々は一体これらの相互依存関係が本当に必要なものであるか否かについて疑問を呈しはじめる。たとえば、なぜ工場長は本社財務部にこの種の報告を月に一度上げなければならないのか。財務部は本当にこの報告を必要としているのか。しかも月一度必要としているのか。工場でこの報告書を作る必要があるのだろうか。さらには各事業部で、五万ドル以上の社員を採用するときにいちいち本社人事部と相談する必要があるのだろうか。本社人事部が首をつっこんでくる必要があるのか。しかしそこに適切な理由があるのだとしたら、五万ドルという基準は低すぎるのではないか。

このような疑問は、人々が相互依存性の高いシステムで必要な変革を進める際に困難を感じ、それに怒りを覚えたときに、たびたび発せられる。これらの疑問が効果的に吸い上げられ、調整される場合には、大きな効果が期待できる。すべての企業には、現実の必要からではなく、その歴史から生まれた、無意味な相互依存性が残存している。たとえば一九五四年に起こった危機状況の産物として、製造部門の承認なしにはセールス部門があるプランを遂行できなくなっているといった例である。しかもこれが制度化されてしまっている。これらの歴史的産物を整理するためにはきわめて長い変革プロジェクトが必要となり、すでに疲労困ぱいの企業にとっては重荷となる。しかし一方で、無意味な相互依存性を排除することによって、変革の推進が容易になる。さらに変化が例外というよりは常態になって進んでいる現在の環境にあっては、社内を整理することによって、将来の組織変更や戦略転換といったプロジェクトを現在より簡単に実現することが可能となる。

図9-2 成功を収める大規模な変革の第7段階では何が進行しているのか

- ✔ さらに数多くの変革が進む――短期的成果によって高まった人材からの信頼感をいかして、変革をガイドする連帯チームはさらに数多くの大規模な変革プロジェクトを推進する
- ✔ さらに数多くの人材から支援が加わる――さらに数多くの人材が参加し、すべての変革を支援するために昇進を受け、開発される
- ✔ 経営幹部によるリーダーシップが発揮される――経営幹部は、全体的な変革努力に対する共有された目的意識を明確にし、危機意識を保つことに努める
- ✔ 組織下部の人材によってプロジェクトのマネジメントとリーダーシップの発揮が継続する――組織下部に属する人材が、個別のプロジェクトにおいてリーダーシップを発揮し、さらにこれらのプロジェクトを効果的に管理する
- ✔ 不必要な相互依存関係を減少させる――短期的、長期的変革をさらに容易に推進していくために、マネジャーたちは不必要な相互依存関係を見つけて、排除していく

長い道のり

密接に関連し合ったシステムでその一部を変革していくことは、ほとんどの要素を変革する必要があることを意味するので、企業変革は、何カ月という単位でなく、何年にもわたる大規模な努力を要求する。極端なケースでは、この第七段階だけでも十年を要する変革プロセスになり得る。その間、きわめて多数の人材が数々の変革プロジェクトをリードし、管理していくことに貢献しなければならない。第七段階に発見される特徴は図9―2に要約した。

この段階でもリーダーシップ発揮が不可欠である。卓越したリーダーは長期的な視点に立って思考を進める。十年間、あるいは百年間がここでは意味のある時間枠となる。卓越したリーダーは、自らが個人的に重要と考える強力なビジョンに促されて、感性のレベルで重要と認識される目標を達成する道をあ

くまで追求し続ける。ほかの人材が二年ごとに職務を変える間も、比較的地位の低いポジションに二倍も長くとどまり、また経営幹部の職位に十年以上もとどまることも厭わない。彼らは、勝利を宣言して変革をあきらめたり、あるいは無為に変革を続けることなく、変革の第七段階で必要とされる数々の変革プロジェクトをスタートさせる。また、新しい方法が企業文化にしっかり定着したか否かをたしかめるために十分に時間を掛ける。

マネジメント機能に本来備わっている特性故に、多くのマネジャーはもっと短かい時間枠で物事を考えがちである。彼らにとっては、短期間は今週中を意味し、中期は今後数カ月間を意味し、長期は一年間を意味する。このような時間枠では、二十四カ月か三十六カ月たって、勝利宣言を下して変革を終了させることが合理的な判断となる。マネジメント志向のマインドセット（心構え）を何十年間にもわたり育んできた人材にとっては、三年という期間はきわめて長い期間のように感じられて当然であろう。

ここでもう一度繰り返しておきたい。「すぐれたリーダーシップの発揮なしには、変革が停滞し、激しく変化を続ける環境で抜きんでることはきわめて困難になる」。

第十章

新しい方法と企業文化

ある航空機製造企業は、何年にもわたる努力の末に業績が著しく向上した。かつては社内にばかり眼が向けられ、業績低迷に陥っていた航空機製造企業が、いまや迅速に革新的な新製品を生みだしていた。すべての製品が市場で勝利をもたらしていたわけではないが、数々の製品が成功を収めていた。過去五年間に、この事業部の売上げは六二%増加し、純利益も七六%向上した。その前の五年間の実績は、二一%の売上げ増、一五%の純利益増であった。この事業部の社長は、彼がこのビジネスに多大の貢献をしたという誇りを抱いて退任した。彼はさらに数年間はこの職にとどまることができたのだが、彼はその道を選ばなかった。変革が進み、業績も向上し、彼の仕事も完了したと考えたからである。

この社長が退任したとき、新しい形の経営の進め方がこの事業部の文化にしっかりと根づいているわけではないという事実を全員が理解していたとは言えない。理解していたとしても、人々はそれを小さな問題ととらえていたにすぎない。その時点では、だれもが、完了した変革を見て欲しい、改善された業績を見て欲しい、と考えていたのである。

この社長の引退のあとの二年間に、新製品の市場への導入のスピードと、市場におけるこれらの製品の成功率は低下の一途をたどった。これらの状況は急速に進んだわけではない。この後退は非常にゆっくりしたものだった。最初はだれもこれに気付かなかった。一年たったところで警戒警報を発したのは、社外から最近就任したばかりの新任社長であった。

次にこの件に関する私の観察結果を紹介する。まずこの事業部の文化の中核を占める一部の規範が、推進されていた変革と完全にはなじんでいなかった。しかし両者の対立について議論されることはなかった。事業部の旧社長とその変革のプログラムが新しい方法を日夜補強していた時点では、このような努力の結集によって旧来の文化からの影響は押さえられていた。しかしこの社長が退任し、変革も停止されると、元の企業文化が再び頭をもたげてきたのである。

この企業全体で共有されていた主要な価値観、つまり古くからそのビジネスに確立されていた価値観は「自らの技術を開発することですべての問題は解決する」というものであった。企業文化のほかの要素と同様、この考え方も正式に宣言され、成文化されていたわけではなかった。従業員のほとんども、正面切ってこの価値観について聞かれると、つねにその価値観が正しいものとは認めていなかった。しかしマネジャーたちと何杯かのビールを飲んだあと、彼らの発言に耳を傾けると、「わが社独自の技術を開発すればすべての問題は解決する」といった発言を聞くことが多かった。

この中核的な価値観がさまざまな変革の試みを真っ向うから対立するものではなかったので、多少のぎくしゃくはあったものの、両者は何とか共存し続けてきた。新しい方法では、顧客が最優先された。しかし企業の価値観では技術が優先されてきた。また新しい実践では、競合企業より、もっと迅速に変革を推進することが目標とされた。一方、中核的価値観の方では、社内の技術開発からの合理的な要請と歩を一にして進むことが目標とされてきた。

この企業文化を大事にする一部の人たちは社内にこの二つの要件の対立があることに気付いていた。しかしこの対立が眼に見えにくいものであったために、ほとんどの人たちはこれを見過ごしていた。ビジョンのコミュニケーション、経営陣からの補強、改善された業績評価、その他の努力がこの新しい実践をしっかり下支えしていた。したがって、その地位を挽回しようとしていた、組織の底流を流れる企業文化を見つけようとすれば、かなりじっくりと人々の発言に耳を傾ける必要があった。たとえば「それはたしかにそうだけれど……、技術的にはこんなことが必要だ……」といった類の発言である。

企業内のだれもこの問題を正面切って取り上げなかったので、この新しい実践を企業に根深く定着させようとする努力、つまり企業の中核的な文化に新しい実践を深く根づかせる、あるいは場合によってはこれまでの企業文化を変えていくといった努力はなされなかった。根の浅い新しい実践にはつねに水を補給することが必要であった。社長とその他の変革推進者たちが毎日水を補給しているうちは、すべてがうまく機能していた。しかしこの努力を怠ると、新しい実践は干上がり、勢いを失い、遂には死に至った。そこで、いままでは刈り取られていたほかの草木が、深く根を張っていたために、再び芽を吹きだしてきてしまったのである。

この社長が退任して六カ月たつと、マネジャーたちはビジネス上の優先順位とこの新しい実践について疑問を呈しはじめた。この社がまだ技術的に劣勢に陥っているという兆候は見られないにもかかわらず、「わが社は技術をないがしろにしている。こんな状況が続くと、われわれは大きな苦境に陥る」と発言しはじめた。エンジニア、マーケティング、セールス部門の人たち、さらに顧客をまじえたミーティングでもこのような懸念が表明された。「わが社の技術陣は、自分たちの専門外のコミティーに、あまりに多くの時間を費やしている。その結果技術的優位性を失っている」といった議論が頻繁に出はじめた。その業界で、すべての業績上の基準に照らして、十社中の七番目に位置する競合企業が、この社の比較の対象として選ばれるようになった。「この会社は、従業員一人当たりのR＆Dの投資にわが社よりも二十％も多くコストを掛けている。わが社も何とかしなければならない」といった発言であった。

社長の退任から十二カ月たつと、この企業のビジネスをどのように進めるかという点で数多くの変更が開始された。このような変更は、はっきり議論された結果進められたものとは言えず、トップ経営者によって承認されたものでもなかった。しかし、最近経営陣に加わった数人の例外を除いては、経営幹部の多くも、これらの変更に無言の承認を与えていた。二十四カ月のうちに、新しい実践のいくつかは、四年前の状況に後戻りしてしまった。そのあと、業績の悪化という大きな問題が現実のものとして姿をあらわにしはじめた。

企業文化の大きな影響力

ここでの質問。「どうして知性あふれるトップ経営陣がこのような事態の発生を許してしまうのか。」その問に対する答え。「それは、これらの人々の電気工学の専門知識、彼らのＭＢＡ（経営大学院）の経歴、さらに彼らの社内メンター（教育者）たちが彼らに企業文化からの影響、とくに彼らの行動に企業文化が強力な影響を及ぼすという点について教えてこなかった、といった理由から生じてくる。マネジメントが過剰で、リーダーシップの不足する環境で育つと、彼らのキャリアの多くの部分で、この隠された傾向が補強されてしまう。これは、構造（またはシステム）がマネジメント機能に属するものであるのに対し、文化（またはビジョン）はリーダーシップの領域に属するものだからである。」

ここで文化とは、行動の規範、あるいは多くの人々によって共有される価値観と定義できる。

これらの行動規範は、その集団に属する人々に共有され、浸透した行動様式である。このような行動様式は、新しく参加してくるメンバーに、これらの行動を示す人たちを評価し、そのような行動を示さない人たちを罰することによって補強がはかられる。その結果、グループの全メンバーがこのような行動様式に沿って行動することになるために、組織内に深く浸透する。共有された価値観のほうは、全社的に見ても重大な関心事となり、そのグループのほとんどの人たちによって共有される目標となる。このような目標は、グループ内の行動を規制し、グループのメンバーが変わっても長い期間にわたり保持される。

大企業においては、このような社会的力、あるいは企業文化と呼ばれるものが社の全従業員に影響を及ぼしていたり、さらに各部門にだけ通用する文化がその部門の人たちに影響を及ぼしている事実（たとえばマーケティング部門の文化とかデトロイト事業所の文化）を認めることができる。しかしその規模と事業所の如何を問わず、文化というものはきわめて重要な機能を果たす。なぜなら、文化が人々の行動に強い影響を及ぼしており、さらに文化を変えることは困難であり、かつその姿をはっきりとらえることが困難なために、直接的に挑戦することが難しいからである。一般的に言って、行動規範よりも共有された価値観を変えることのほうが難しい。これは、価値観のほうが、はっきり眼でとらえにくく、かつその文化に深く根ざしているからである（図10―1）。

変革によって採用された新しい実践が、企業内のさまざまな文化と合致していないと、これら

図10-1 企業文化の構成要素——その実例

あまりはっきり
眼に見えない

かなり
変革しにくい

グループ行動に伴う規範

- ✔ 従業員が顧客の要求に迅速に応える
- ✔ マネジャーは組織下部の人材を意思決定に参加させる
- ✔ マネジャーは毎日就業時間後少なくとも1時間は残業する

共有される価値観

- ✔ マネジャーは顧客を大事にする
- ✔ 経営幹部は長期借入金のほうを選ぶ
- ✔ 従業員は量よりは質を大事にする

ほとんど
眼に見えない

きわめて
変革しにくい

出典："Corporate Culture and Performance" J. P. Kotter, James L. Heskett著， Free Press 1992年刊

の実践は後退を余儀なくされる。職場、事業部、企業全体における変革は、長い間の努力にもかかわらず、新しい実践がグループの規範と価値観にしっかり定着していないことから、その変革も以前の状態に後戻りしがちである。

企業文化がどうしてそれほど重要であるかを理解するために、次の例を考えてみよう。あなたは大学を卒業し、就職試験を受けて、三つの職務に合格した。一つの企業はあなたを大変気にいった模様で、あなたのほうもそこの従業員とうまくやっていけると感じたため、その企業に就職することを決めた。まだ純朴な二十一歳の青年として、あなたは、自分の過去の成績、技能、信頼できる人柄、将来性から合格したに違いないと考える。

また、あなた自身その企業が客観的に見て卓越した企業であると判断してその企業からオファーされた職務を受けることを決意したに違いない。しかしあなたは、もう一つの考慮すべき選択基準である企業文化に対しては考慮したとは言えない。

あなたを採用した人たちも次の点についてはっきり言明しなかった。つまり「われわれがあなたを採用するという決定を下した大きな理由の一つは、あなたがわが社の文化にスムーズにとけ込み、暗黙のうちに認められている価値観と信念を分かちあってくれて、またわが社の行動規範にも容易に適応してくれると考えたからだ」という側面についてである。彼らは自分たちが採用に当たって、この文化の基準をそれほど重視している事実に自分たちも気付いていなかったために、この発言を怠ったものと思われる。またあなたのほうも、そのオファーを受諾するに当たって、その企業の価値観に対する適応性について暗黙のうちに考慮した事実にまでは考え及ばなかったに違いない。その結果、あなた自身とあなたと同時期に採用された仲間たちは、あまり自覚のない状態で、「社会化」と呼ばれる過程、すなわちこの企業の行動規模と価値観の教宣過程に参加するのである。

あなたはその職務に就いた第一年目には、すぐれた成績をあげようと努力する。とくにどうすればみんなに認められ、昇進がかなうのかという点に深い関心を示す。このような仕事の進め方が納得でき、倫理的にも問題がないと考えられるときには、あなた自身もそのような方法を学び取ろうと努力する。もっとも効果的な学習は、訓練プログラムや新入社員に対する教材を通じて進むわけではない。むしろ、あなたが何かしでかした際にボスが怒りだしたとき、あるいはあなたがミーティングで何らかの発言をして万座がしーんとしてしまったとき、あるいは古参の秘書があなたを脇に呼んで厳しい注意をしたときに大きな学習が進む。その結果、あなたは学習を進め、その文化に適応しはじめる。

その後の二十年間には、あなたは三年か四年ごとに昇進を繰り返す。この期間に、その文化はあなたの第二の天性ともいうべき特性として定着する。またあなたが昇進を勝ち取る理由の一つは、その昇進を決定する人たちにあなたが自分自身を合わせ、よい関係を保っているからである。しばらくすると、自分では気付いていないにもかかわらず、新入社員たちにこの文化を教えはじめる。五十歳になり、経営幹部の地位を占めるに至ると、自分ではその文化の存在をほとんど自覚しなくなる。あなたはあまりにその文化になじみ、最初から全く異和感を感じてこなかったので、その文化が魚にとっての水のような存在となる。文化は企業のどこにでも存在しながら、眼に見えないために、従業員に大きな影響を及ぼしながら、従業員たちはその文化についてとくに意識することはない。魚は水中で空気と食物を摂取する。従業員たちも、文化を通じて、将来に対するある種の安心感、多大の支援的な補強、企業に対する強い心理的な帰属感を感じることができる。

多くの場合、あなたの企業のほとんどの従業員たちもここで述べたものと同様な経験を経過する。ほとんどの男性、女性従業員たちも、その文化に適応性を示すことによって採用される。またほとんどの人材は、行動規範と価値感が教えられ、補強される経験を何百、何千時間にもわたり経過することとなる。そしてこれらの人たちは、新人に対してこれらの行動規範と価値観を教え続けることになる。

企業文化は、次の三つの理由から従業員によって強力に保持される。

(一) 各個人はその文化の基準にもとづいて選抜され、さらにその文化を教え込まれる
(二) その文化は、何千人もの人材によって実践される
(三) これらのことが無意識のうちに進められるので、文化に対して挑戦したり、議論することが難しい

従業員としてではなく企業を客観的に観察し得るコンサルタント、外部の供給企業のセールスマンといった人たちは、その企業文化が従業員の意識しないところできわめて強力に機能している事実をはっきりととらえることができる（その文化がはっきり眼に見えるという特異な状況を示しているときでも）。私自身、二十年前にある大きな出版社を訪ね、その十一人の男性経営幹部のうち八人が一七八センチ以下である事実を発見したときのことをいまでもよく記憶している。（ちなみにこの企業の創設者は一七〇センチであったが）。私がとくにその事実を批判するつもりもなく、何気なく指摘すると、その部屋にいた全員は私をまるで宇宙人を見るような眼で凝視し

た。またもう一つの企業で、その最初の製品として爆発の危険を持つ製品が開発され、その後百年以上にわたり、この企業では安全に対して過剰なほどの注意が払われてきた。ここでは、すべての経営幹部がまるで九十九歳の老人のように階段の手すりにつかまりながら注意深く階段を昇り降りする様を見聞した。

企業文化がこのような強力な影響力を備えていることから、リエンジニアリング、リストラクチャリング、または企業買収によって生みだされた新しい実践は、企業文化にしっかり定着させていく必要がある。そうしないと、新しい実践はきわめてぜい弱なものとなり、つねに後戻りの危険にさらされる。

新しい実践を旧来の文化に接ぎ木する

ほとんどの企業変革の試みでは、旧来から存在する文化の中核的部分は、一部の具体的な行動規範を除いて、新しいビジョンとつねに矛盾するものとは限らない。このような場合には、お互いに相矛盾する部分を取り除きながら、新しい実践を古い文化の幹に接ぎ木していくことが課題として浮かび上がってくる。

工作機械を製造する、業界をリードするある企業では、「顧客最優先」の考え方がその文化の中核にすえられていた。初期には、この考え方にもとづく実践がまず創設者によって開始され、ほかの人たち全員がこれに従ってきた。二十世紀の半ばになって、創設者はとうの昔に亡くなっていたものの、顧客重視を百年にわたり実践し続けてきたこの企業では、経営幹部がこの実践を明確な手続きとして記述しようと決意した。こうすることによって、新たにこの企業に入社してきた数多くの従業員に対し、もっと効率的にこの実践を教育できると考えられたのである。一九八〇年に至ると、これらの手続きは、各々が八センチにも及ぶ六冊の規程集にふくれ上がっていた。この時点では、「何でも規程集にもとづいて行動する」という方法が、人々の心に深く染み込んだ習慣と文化的規範になっていた。

一九八三年には、新しいCEOが全社的に大規模な変革を遂行し、成功に導いた。一九八八年には、旧来の手続き規程集はもはや使用されなくなり、もっと簡単なルールと顧客優先の仕事の進め方が活用されるようになっていた。この新しい実践は一九八〇年代にはより効果的な方法であった。しかしこのCEOは、たしかに古い手続き規程集は人々のデスクから姿を消しはしたが、なお企業文化に強い影響を及ぼしている事実に気付いた。そこでこのCEOは次のようなアクションを取った。

彼が年次経営総会で報告を行なったとき、三人の経営幹部を壇上にまねき、演壇の隣りのテーブルに古い規程集を並べるように依頼した。そしてそのスピーチで次のような発言をした。

「この規程集は長年にわたり、われわれに大いに役立ってきた。過去数十年間に蓄積した知恵と経験を集約したものであり、われわれ全員が活用してきた。この規程集のお蔭で、わが社の無数の顧客が多大の利益を享受してきたことは間違いない。

しかし過去二十年間に、われわれの業界は重大な変化を体験している。かつては競合企業は二社だけであったものがいまや六社に増えている。かつては新製品は二十年に一度だせばよかったものが、いまや五年ごとに新製品が要求されている。かつて顧客は四十八時間以内にわれわれのサービスを受ければ満足していたものが、いまや八時間以内のサービスが受けられることを期待している。

この新しい環境では、われわれの活用してきたすばらしい規程集も時代遅れになりはじめている。顧客の期待に沿うサービスを提供できなくなっている。また変化の激しい環境に適応できず、われわれの活動をスローダウンさせている。この傾向を最初に発見したのは一九七〇年代であった。われわれは適切な処置を実行し続けようと努めたが、わが社の製品を買う人たちはそうは見てくれなくなり、その結果わが社の業績にもそれがはっきり示されることとなった。

一九八三年には、この問題に何とか取り組まなければならないと決意した。これは業績が低下していたからだけではない。さらに重要な理由として、われわれが成し遂げようとしたこと、そしてわれわれが過去長年にわたりきわめて効果的に達成してきたこと、つまりわれわれの顧客のニーズに卓越したレベルで応えていくことが満足に達成できなくなってきたからである。われわれはもう一度顧客のニーズをきっちり分析し、過去三年間、これらのニーズに応えるために十以上の方法を改革してきた。そのプロセスで、これらの規程集の活用をやめようと決意したのである。

われわれはいまもなお、一体われわれは正しい決定をしたのかどうかをいぶかっていると思う。しかしいまやはっきりした証拠が得られたと結論したのである。

彼はこの点について、顧客満足度調査の結果を用いながら詳しい説明を続けた。この調査では、顧客満足度が向上したことと、この満足度の向上が新しい実践と深く関わっているという事実が示されていた。

「われわれは現在、競争が激化するなかで、われわれの伝統を守り抜いていると評価している。私が今日ここで時間を割いてみなさんにこのことを説明していることにはいくつかの理由がある。この部屋にいる何人かの諸君は、過去二年の間に入社され、これらの規程集は馬鹿げており、極端に言えば心のこもらない官僚主義の象徴だ、と考えておられることを理解している。しかしこの規程集が長年にわたりこの企業に役立ってきたという事実も忘れないで欲しい。またこの部屋で、この規程集が使われなくなったことを悔んでおられる人たちがいることも理解している。そのような人たちは自分が悔んでいる事実を自ら認めたくないと考えておられるかも知れない。現実を論理的に評価すれば、われわれがこれまで成し遂げてきた新しい変革が多大の成果をもたらしてくれているとはいえ、古くからこの企業に属している人たちは規定集の撤廃を心の底では残念に思っているに違いない。ここでこのような人たちに、規程集にさよならを言う私に唱和して頂きたい。この規程集は、すぐれた人生を終えて死んでいく旧友のような存在とも言える。われわれの過去と将来に対し、この規程集がもたらした貢献に感謝の意を表したい」。

このスピーチは全体で約三十分を要した。そのスピーチは規程集に対する賞讃のトーンによって貫かれていた。このスピーチには、この人物が旧来の慣行を尊敬の心をもって送別しながら、これに代わる新しい方法をこのグループの中核的価値観にしっかり関連づけることをたしかなものにしたいという努力が見てとれる。われわれの頭脳の理性的側面では、このようなスピーチの必要性をとくに認めない。つまり、われわれがつねに論理的に思考を進めているのであれば、このようなスピーチは全く必要としないからである。しかしわれわれ人間は同時に感情の動物でもある。ところがわれわれは、危険を承知でその事実、つまり人間が感情の動物であるということをないがしろにしがちな傾向も備えているのである。

私自身が見聞した限りでは、このスピーチとそれに続く一連のフォローアップ行動が大きな成功をもたらした。つまり、とくに古くからこの企業で働いてきた従業員によって保持されてきた「規程集の通りに行動せよ」という慣習的な態度が、さらに意味のある新しい実践を支援する方法によって置き代えられた。このこと自体きわめて大きな成果と評価し得る。

これからの数十年間には、このような小規模な文化変容の試みをさらに数多く推進しなければならないと考えている。企業のグローバル化の進展に伴って、この企業文化に対する取り組みがさらに複雑になってくることは間違いない。というのは、新しく韓国（またはロシア）に設立された支社では、本社で生みだされたビジョンに唱えられたような顧客対応（またはコスト削減）の方法は実践されていない。このような状況に伴う問題は、新しい海外支社が顧客を大切にしていない（あるいはコスト削減に反対している）という問題ではないし、またその解決もソウルにニューヨーク本社そのままの組織を生みだすという問題でもない。本当の問題は、そこにしっかり根づいている文化にいかに重要な価値観を接ぎ木していくかという問題なのである。

私は、今日においてはこの種の文化変容に成功を収めている企業はそれほど数多くないと判断している。多くの企業では、行動規範や価値観の問題を避けて通るか、あるいは自社の過去からのやり方を詳細にわたって従業員ののどに強引につめ込む文化上の暴君の立場を貫いている。しかしグローバル化の進む新しい経済環境では、そう遠くない将来に、この問題に取り組むことを迫られることは間違いない。

旧来の文化を切り換える

ある文化に新しい実践を定着させることは、たとえこの新しい実践が旧来の文化の中核的な価値観と合致している場合でも、かなり困難な課題である。しかしこの両者が合致していないときには、その困難性はきわめて大きなものとなる。

ここで一九二八年に設立された企業の例を見てみよう。この企業でその文化の形成に大きな影響を及ぼした出来事は大恐慌時代に経験したものであった。この経験の結果、きわめて保守的で、危険は極力避けるという規範と価値観が企業全体に定着することになった。この企業が一九八〇年代に業績悪化に陥ったときに、新しいトップ経営チームは大規模な変革に取り組むことを決意した。このときに生みだされた「リスクを怖れずに積極的経営を進める」ことを目指した新しい実践と、旧来からの文化との間に生じた葛藤は凄まじいものであった。トップ経営層が、新しい実践を百パーセント支持し、さらにこの方法が成果を生みだしているという証拠が示されても、旧来の文化は、とくに一つの部門で、なお根強く生き続けた。

ここでトップ経営者たちはどんな行動を取ったのか?

(一) 業績上の改善が、新しく開始された方法とどれだけ深く関連しているかを示す証拠を繰り返し説明した。

(二) 旧来の文化がどうして生まれたか、これまでどれほど役立ってきたか、しかし今日ではどうして機能しなくなったのかについて繰り返し説明した。

(三) 五一五歳を過ぎた人材には魅力的な早期退職プログラムを提示する一方、新しい文化を支持する人材には退職しないように説得を続けた。

(四) 新しく人材を採用するときには、これらの人材が古い規範や価値観にもとづいて選考されないようにさまざまな手を打った。

(五) 新しい実践を心底から信じていない人材を昇進させないように細心の注意を払った。

(六) CEOの継続候補者の三人には、大恐慌時代の文化が心の底にしみついていないことをしっかり確認した。

このような懸命の努力にもかかわらず、旧来の文化を取り除き、新しい文化を導入していくことは大変困難な作業となった。共有された価値観と行動規範、とくに価値観は企業全体に深く浸透していたからである。もし企業に現従業員と同様な特徴を備えた人材を採用するという慣行が、共有された価値観として存在している場合には、文化を変える際に現有の人材の行動規範と価値観まで変えることが要求される。また現有の人材のものの考え方と新しいビジョンとが全く抵触しない場合でも、共有された価値観がその企業の長い歴史から生みだされたものであるときには、変化を生むために、長年にわたるさまざまな試行が必要とされることが多い。

以上の理由から、文化変容は変革の初期の段階でなく、最後の段階で遂行されるべきなのである。

文化変容は最後に遂行される

過去十五年間に広く信じられてきた変革に関する理論の一つは次のようにまとめられる。つまり「あるグループで変革を進める際にぶつかる最大の障害は文化である。したがって大規模な変革における第一段階は、行動規範と価値観を変えることである。一たび文化が変われば、そのあとの変革努力は達成可能となり、実行がたやすくなる。」

私自身もかつてはこの理論を信じていた。しかし過去十年間の観察の結果、これは間違っているという結論に到達した。

文化自体は、われわれが簡単に操作できるものではない。文化を掌握し、それを新しい形に作り直すことは、まず文化を明確に掌握することが困難であることから、その実現が不可能となる。文化は、まず人々の行動様式を変えることに成功し、新しい行動様式がグループに長期にわたり利害をもたらし、人々がこの新しい行動様式と業績向上との間に関連があることを認めてはじめて、やっと変わりはじめるのである。したがって、文化変容のほとんどは、第一段階でなく、第八段階で実現されるのである。

とはいえ、変革の最初の段階で、文化の問題を全く考慮しなくてもよいと主張しているわけではない。現存の文化をきちんと理解すればするほど、どうやって人々の危機意識を高めるか、どうやって変革推進のための連帯を生みだすか、どうやってビジョンを生みだすか、といった点についての理解が促される。また、変革の初期段階では人々の行動を変える努力が重要ではないと主張しているわけでもない。たとえば変革の第二段階では、連帯チームのメンバー間にチームワークを生むために、メンバーの習慣を変えることに努力することが求められる。さらに、態度変容の努力が第一段階では必要ではないと主張しているわけでもない（第一段階では現状満足の態度が主要な問題として取り上げられる必要がある）。しかし強力な行動規範や価値観を実際に変える作業は、ほとんどの場合、変革の最終段階、少なくとも各変革プロジェクトの最後の段階で進められるべきである。

ということは、ある大規模な企業変革の一環として、ある部門でリエンジニアリングのプロジェクトが進められる場合には、そのプロジェクトは、当該部門の文化に新しい仕事の進め方を定着させるという努力をもって完了することになる。

ここで学ぶべき原則。「大規模なリストラクチャリング、リエンジニアリング、戦略転換といったプロジェクトにおいて、その第一段階で『文化の変容』が目標とされている場合には、その文化変容のプロジェクトが間違った道を歩みはじめないように注意深く見守るべきである」。

行動変容と態度変容は、変革の初期の段階から開始される。このような変容の結果として、仕事の進め方にも変化が現われ、企業が低コストでいままで以上の製品とサービスを提供できるようになる。しかしこのような文化変容の大部分が既存の文化に定着するのは、その変革プロジェクトの最後の段階を待たなければならないのである。

私自身過去十年間に、人事部門の上級副社長がその企業の「文化の変容」プロジェクトに取り組んだケースを十件以上観察してきた。これらのケースでは、全体的な変革がこの文化変容プロジェクトに先行して推進されていなかったり、文化変容のプロジェクトだけが独立して進められていたり、ないしはほかの大規模な変革プロジェクトに先立ってこの種のプロジェクトが進められていたケースが大多数であった。一般的に言って、これらの人事担当経営幹部は、数年間にわたり、何らかの成果を上げようと懸命の努力を続ける。彼らは、望ましい価値観や行動規範を記述書にまとめる。この情報を広くコミュニケートするために何回もミーティングを持つ。ときには、新しい価値観を教育するトレーニングプログラムを開始する。しかし彼らがスタッフ部門の経営幹部であるために、企業全体に影響を及ぼすような大規模な変革を推進するためにはあまりにぜい弱なポジションに置かれていたと言わざるを得ない。その結果、そもそもこのプロジェクトに伴っていた基本的な目標、すなわち企業全体に影響を及ぼして、新しい文化を意義あるものとして企業に浸透させるという目標が、その最初の段階においてすでに実現が期待できないものとなってしまったのである。

一部の評論家はこのようなケースとそれにたずさわった人たちを厳しく批判する。しかし私自身は、これらの人たちは概して頭のよい、熱意を持った、ハードワーカーであった事実を確認している。これらの人たちの失敗は、彼ら自身に問題があったわけではない。むしろ企業文化を変えること自体がきわめて困難であるという事実が確認される（図10－2）。

図10-2　変革を企業文化に定着させる

✔変革の最初ではなく、最終段階に実現する	行動規範と共有される価値観は変革の最後の段階でその転換が実現する
✔しっかりした成果が示される必要がある	新しい仕事の進め方は、それが効果的に進められ、旧来の方法よりもすぐれている事実が確かめられたあと、はじめて企業文化に定着する
✔議論を繰り返すことが求められる	人材は、はっきり言葉で説明を受け、後押しされない限り、新しい方法がすぐれたものであるということを認識できない
✔重要人物を排除することも必要となる	場合によっては、重要人物を排除することが企業文化を変革する唯一の道となる
✔後継者選びの意思決定がきわめて重要な役割を果たす	昇進決定のプロセスを新しい実践を支援するものにしない限り、旧来の企業文化が勢いを盛りかえしてくる

　このような変革を実現することがあまりに困難であるために、変革のプロセスでは、二、三段階でなく八段階が必要とされ、そのプロセスの推進にはきわめて長い期間が必要とされ、また多数の人材によるリーダーシップの発揮が要求されるという事実が確認されるのである。

第三部

変革の持つ意味

第十一章

これからの企業像

ビジネスの世界における変化のスピードが今後弱まることはあり得ない。ほとんどの業界における競争は、次の数十年間ではますます激化するはずである。世界のいずれの企業も、経済のグローバル化とそれに伴う技術と社会の変化が生みだすこれまで以上の困難、それと同時に大きな機会に遭遇することになろう。

典型的な二十世紀型企業は、急速に変化を続ける今日の環境で効果的に経営を進めることに困難を感じている。その組織構造、システム、実践、文化が、変革の促進要因とはならず、むしろ足かせとなっている。数多くの人たちが予測しているように、環境の不安定性がますます増してくるとすれば、典型的な二十世紀型企業は過去にほろび去った恐竜のような存在になるだろう。

では二十一世紀で成功を収める企業はどのような姿を見せるのだろうか。将来を予見することにはつねに危険が伴う。しかしこの本でこれまで検討してきた事実から、かなり明確な将来の企業像が浮かび上がってくるはずである。

つねにある危機意識

危機意識の低い状態では、大規模な変革は決して成功しない。高い危機意識の存在が変革の全段階を完結することに大いに貢献する。外部環境における変化のスピードがさらに高まる状態では、二十一世紀に勝利を収める企業における危機意識をつねに中程度から高い程度に保つ必要がある。この環境では、長期間の安定や現状満足が短期間のあたふたした行動で中断されるという経営を繰り返しているような二十世紀型企業のモデルでは、成功を収めることはできない。

危機意識が高いという状況は、つねに混乱、不安、恐怖が存在していることを意味するわけではない。むしろ、現状満足がほとんど存在せず、人々が問題と機会をつねに注意深く見定めており、そこでの行動規範が「素早く行動せよ」というものである状況を指す。

危機意識を高く保っておくためには、今日われわれが眼にしているよりは数段すぐれた、業績フィードバックのための情報システムが必要とされる。今日行なわれているような、毎月または毎期ごとに少数の人たちに財務経理データを配るという方法は、過去の産物として捨て去る必要がある。これからは、もっとたくさんの人材が、さらにたびたび、顧客、競合企業、従業員、供給企業、株主、技術開発、企業業績についてのデータを必要とする。この種の情報を提供するシステムは、今日行なわれているように、企業全体または一つの事業部の見栄えをよくする形に設計することは許されない。このようなシステムは、とくに実際の業績について正直で、かくしだてのない情報を提供する形に作り上げなければならない。

過去十年間には、数多くの企業が、このような新しい業績フィードバックシステムを生みだす方向に重要なステップを踏みだしている。とくに顧客満足に関する情報が、より正確に、より高い程度で、より数多くの人材のために収集されはじめている。また、数多くのマネジャーたちが、さらに頻繁に顧客、とくに不満を抱く顧客を訪問しはじめている。これらの傾向はたしかにすばらしい。しかしなお道のりは程遠い。今日の典型的な企業の典型的な従業員たちは、いまなお、自分たち、自分のグループや部門、企業全体の業績についてごくわずかなデータしか提供されていないのである。

このようなシステムを生み、そのアウトプットを効果的に活用していくためには、二十一世紀の企業における企業文化では、今日をはるかに上廻るレベルでオープンな議論を重視していかなければならない。政治的な配慮、心を乱す外交辞令、自社に不利な情報をもたらした人物を罰するといった行動基準は排除されなければならない。不正直な発言が流れだす水道の蛇口はしっかり締めておかなければならない。

ほとんどのキャリアをきわめて政治的な企業で過ごし、その結果前記のような目標は夢物語にすぎないと考えている読者に対しては、先のようなオープンで、正直な企業文化が今日でもすでに存在している事実を指摘しておきたい。これは私自身がこの眼で確認している。このような行動基準を生むことはたしかに困難であるけれども、決して不可能ではない。典型的なケースでは、変革は一人の偉大な人物によってはじめられ、この人物の示す例を通じてさらに何人かの人々に広がり、さらにグループに利益を生むことによってさらに多くの人たちに広がる。

外部の数々のソースから信頼性の高いデータを集める、社内でそれらの情報を広範囲にコミュニケートする、そのフィードバックに率直に取り組む。これらが重なって、現状満足を減少させる方向に向かって長い道を歩みはじめることになる。一方危機意識が高まることによって、その企業では変革を進めることが容易になり、かつ激しく変化を続ける環境に対応することも易しくなる。

上層部のチームワーク

変化のゆっくり進む環境では、企業に必要な要件は、すぐれた経営者をトップに戴くことにつきる。このケースではトップ層におけるチームワークは必ずしも必要ではない。中程度の変化が進む環境では、時折の変革を推進するためにチームワークが必要となるが、それでも旧来の経営の進め方でもあまり問題は発生しない。しかし変化の激しい環境にあっては、チームワークがほとんどの場合大いに力を発揮する。

恒常的に変化が進む環境では、いかに有能な人材であっても、一人では急激に変化を続ける競合企業、顧客、技術情報に対応していく十分な時間と専門知識を備えることは不可能である。また重要な決定を何千人という従業員に伝えていく時間も持てない。またたった一人で、圧倒的な人数の人たちから変革に対するコミットメントを引き出すカリスマ性や技術を備えていることも稀である。

私はそう遠くない将来に、企業トップの後継者選びが、退任する社長のあとを継ぐ、たった一人の人材を選ぶ作業ではなくなるのではないかと考えている。つまり後継者選びは、何人かの人材からなるチームを選ぶプロセスに変わると考えている。もし経営陣の中核を占める人材がチームの一員として選ばれ、そのチームが発足の第一日目から必要とされる基本的要件を備えていれば、新任のCEOとしても、変革を推新するために必要とされる連帯チームを作り上げる作業がたやすくなるはずである。通常、チームを築くためには何年とはいわなくても何カ月かは掛かるものだが、このようなケースではきわめて短期間にチームを生みだすことが可能になる。

私は、巨大なエゴを抱えた人材や蛇的人材が、彼らがいかに頭がよく、仕事熱心で、さらに高い教育を受けた人物であっても昇進候補者リストからはずされる日が訪れると信じている。このような人物はチームワークを乱す。彼らは今日でもさまざまな問題を発生させているが、変化がさらに激しく進む環境では、彼らの行動が原因となって生まれる悪影響は、決して許容できないものになるはずである。

個人ではなくチームを昇進させるという考え方や巨大なエゴを抱えた人材や蛇的人材を昇進対象としないという考え方は、これらが承認されるまでに、さまざまな反対にぶつかるはずである。一つのチームを後継者として選ぶという発想は、とくに米国においてはきわめて急進的な考え方であると言わざるを得ない。つまり米国が、孤高なカウボーイを尊重してきた社会であるからである。スマートで、才能ゆたかな人材を昇進させないという考え方はそれほど急進的な考え方ではない。とはいえ、蛇的人材と巨大なエゴを抱えた人材が厳しい反撃を加えてくることは必至である。次の会話を想定して欲しい。

「この決定は馬鹿げていますよ。ニックはとても頭がいいし、積極的です。もし彼を昇進させなかったら、わが社の若い社員にどんなメッセージを送ることになるとお考えですか」。

「われわれは、会社よりも自分を優先させる態度は許さない、というメッセージを送ることになるだろう」。

「彼が会社のことを思っていないとどうして結論できるんですか。たしかに彼は多少自己主義の傾向が強いかも知れませんが、でも有能な人材はみんなそのような傾向を持っていますよ」。

「ではどうしてあまりに数多くの人たちが彼のことを嫌うのだろうか」。

「嫉妬ですよ。すぐれた人物はいつも嫉妬に悩まされます」。

私自身は、先に述べたような新しい方法を利用した方が後継者選びをさらに簡単に進められると主張できると考えている。というのは、われわれはもはや、高いビルをひとっ飛びで飛び越せるような孤高の人物を探さずに済むからである。また蛇的人材や巨大なエゴを抱えた人材を見付けだすために、すでにいくつかの試み（たとえば上司、同僚、部下、その他の関係者からの評価がすべて反映される三六〇度評価といった方法）が開始されていると考えている。それでもなお、このような新しい変革はさまざまな反対にぶつかり、それほど簡単には実現しないことは疑いない。

ビジョンを生み、それを広く伝えられる人材

二十世紀においては、教室や職場でビジネス専門職を育成する際にはマネジメント機能が圧倒的に重視されてきた。すなわち、いかに計画を立て、予算を設定し、組織を作り、人材を配置し、コントロールし、問題を解決していくか、を教えられてきた。やっと十年ほど前から、リーダー

の育成、つまりビジョンと戦略を生みだし、それを広く伝えられる人材の育成に眼を向けはじめたにすぎない。マネジメント機能が現状に取り組み、リーダーシップ機能が変革に取り組むことから、二十一世紀にはいると、リーダーを生みだすことに企業がさらに熟達していくことが求められる。つまり数多くのリーダーを生みださなければ、変革の中核を占めるビジョン、コミュニケーション、エンパワーメントが、われわれのニーズと期待に応える速度と頻度で実現されないからである。

数多くのリーダーを生みだすことなどほとんど不可能だ、と考える人々もいる。彼らは、リーダーとは生まれつきのものであり、われわれのほとんどはリーダーとして生まれついていないと主張する。われわれがこのような悲観的な考え方を認め、百人に一人にしかリーダーとしての潜在能力が備わっていないと仮定しても、全世界の五七億の人口のうちには、リーダーとしての潜在能力を備えた人材がほぼ六千万人存在していることになる。六千万人はきわめて大きな人数である。このような人材の潜在能力の開拓に成功すれば、変化の急速に進む二十一世紀において数多くの企業を先導する、数多くのリーダーを生みだすことが可能になるわけである。

リーダーシップに伴う潜在能力の開発は、二週間の訓練コースや大学の四年間の教育で実現するものではない（もちろん両者ともリーダーシップの開発にある程度の貢献は期待できるが）。複雑をきわめる数多くの技能の開発にはきわめて長い時間が必要とされる。そのために、最近われわれが「生涯学習」を頻繁に口にしはじめているのである。われわれが職場できわめて長時間を過ごしていることから、われわれの学習のほとんどは職務を通じて進む（あるいは進まない）。この単純な事実には数多くの意味が伴っている。職場におけるわれわれの仕事がリーダーシップ能力の開発を促し、支援するのであれば、われわれにとっても、自らの潜在能力を開拓することが容易になる。逆に職場での仕事がこれらの技能の開発に全く貢献しない場合には、われわれが潜在能力を最大限に開拓していくことが叶わなくなる。

過度なコントロールが行使されている組織では、リーダーシップの発揮が著しく阻害される。というのは、このような環境では、人材がその才能を花開かせ、その才能をテストし、そして成長することが許されないからである。厳しい官僚組織では、すぐれた潜在能力を備えた若い人材は、きわめて少数の役割モデルにしか出会わず、組織をリードすることは歓迎されない。むしろ彼らが境界を踏み越え、状況に挑戦し、リスクを取った場合には、厳しく罰せられる。このような組織ではリーダーとしての潜在能力を備えた人材を追放するか、あるいはこれらの人材を選びだして、官僚主義的なマネジメント機能だけを教育していこうとする傾向が強い。

二十一世紀に成功を収める企業は、リーダー養成の場とならなければならない。激しく変化を続ける環境では、才能を無駄にすることは大きな損害を生む。ここでリーダーを育てていくためには、よりフラットで、ぜい肉のついていない組織構造、さらにコントロールが過剰ではなく、リスクが許容される文化が要求される。潜在能力の高い人材を狭い枠に閉じ込め、彼らをこと細かいことまで管理することから生まれる損害は、巨大なものとなる。人材はリードすることを奨励されるべきである。その結果、企業が変化を続ける環境に対応していくことが可能になるし、またこのような人材が成長することも促される。何千時間という試行錯誤、上司による指導と励ましを経て、彼らは自分たちの潜在能力を一杯に花開かせることができるのである。

過去十年間には、われわれはこのような企業を生みだすために長い道を歩んできた。リーダーシップを育てる組織を築くというわれわれの能力に悲観的な見解を抱いている人たちは、すでにわれわれが成し遂げたことをしっかり観察すべきである。もちろんまだわれわれの成すべきことはたくさん残っている。狭い範囲に限定された職務、リスクを避けようとする文化、こと細く管理しようとする上司はいまなお数多くの企業に、とくに大企業や政治機関に顕著に残存しているからである。

従業員全員をエンパワーする

職場のすべてのメンバーたちは、その全身全霊をもって、急激に変化を続けるビジネス環境の現実に取り組むことが求められている。ここでメンバーが十分に自主的取り組み（権限委譲）を許されている状能、すなわちエンパワーされている状態にないと、品質向上に関する重要な情報が、従業員の心の中に未消化のまましまい込まれてしまうし、変革を進めるためのエネルギーも不活発な状態にとどまることになる。

リーダーシップを開発するために必要とされるのと同様な企業側の取り組みが、従業員をエンパワーする際にも要求される。エンパワーを促す要因としては、フラットな組織階層、官僚主義の弱い組織、リスクを許す環境があげられる。さらに、継続的に変化が続く環境で一貫して最大限にエンパワーメントが実現するのは、経営幹部がリーダーシップ発揮に励み、ほとんどのマネジメント機能を組織下部の人材に委譲しているような組織においてである。

すでに今日でも、厳しい競争の続く業界に属しながら最高の業績をあげている企業では、経営幹部たちは、マネジメントではなく、リーダーシップの発揮にほとんどの時間を費やしており、さらに権限委譲を受けた従業員たちが、自分たちの仕事のグループを自らで管理している。私としては、たとえ旧来のモデルを信奉しているマネジャーや従業員たちからある程度の抵抗があるにせよ、今後の十年間に、右に述べた方向に企業が進む傾向がさらに強まる、と信じている。

職場でこれほどまでにエンパワーメントが実現している様子を読者が想像しがたいのであれば、今日状況の改善に取り組んでいる企業を観察することをお薦めする。たとえば、厳しい競争の続く環境で成長を続けるハイテク企業や専門サービスを提供する企業の例である。そのような企業に見られる特徴は、きわめてフラットな組織構造、きわめて希薄な官僚主義、リスクに対する寛大な態度、自分の仕事は自分で管理する従業員たち、さらに顧客向けのプロジェクト、技術革新、顧客サービスの面でリーダーシップ発揮に努める経営幹部といった特徴である。このような経営の進め方はすでにテストされ、成功を収めている。トップ層にすぐれたリーダーが存在している企業では、この経営法がきわめてすぐれた成果を生んでいる。

短期的業績の達成とマネジメント機能の委譲

ビジネスの将来を予測する学者の中には、今日われわれが見聞しているマネジメント機能は二十一世紀には消滅すると主張する者もいる。企業で重要な役割を果たす人たちはみな、ビジョナリーな人物で、ほかの人材を鼓舞する存在になり、在庫レベルが適切に保たれているかどうかを心配する退屈きわまる人材は存在意義を失う、と予測している。

しかしこの予測はあまりに現実離れしている。

どのように変化の激しい環境においても、だれかが現状のシステムによって期待どおりの業績を上げ得るように経営しなければ、権力の座についている人たちが、大切な企業支援者からの支持を失なってしまう。すぐれた未来を目指すことは確かに立派なことである。しかし短期的業績によってその企業が正しい道を歩んでいることを示さない限り、その企業がそのビジョンを十分に実現するチャンスは決して巡ってこない。

ここで紹介している類の企業では、多大の権限が組織下部の人材に委譲されていることから、すぐれたマネジメントとは、エンパワーされた従業員たちがその責任を立派に果たすということを意味する。ということは、これらの人材が十分なマネジメント訓練を受け、彼らに適切なシステムが提供されていなければならないことを意味する。しかし今日では、マネジメント機能においてて十分にエンパワーされた従業員が存在していても、彼らが十分な教育とそのほかの支援を受けているケースは数少ない。むしろ教育プログラムもシステムも、今なおごう慢な中間管理層のニーズに応えるように作られているのである。

この現実を変えるという課題は、技術的または経済的な問題というよりは態度上の問題ととらえたほうがよい。もし「だめです。この訓練はマネジャーのためのものです」という発言は、この訓練を受けられるのは社内で一定の資格を満たしている人だけで、あなたにはまだそのような資格はありませんよという意味である。またコントロールのシステムを変革しようという提案に対する回答としてだれかが「すべての人材にこの種の情報は提供できませんよ」と発言したとする。あなたが「どうしてだめなのですか」と尋ねると次のような回答が返ってくる。

(一)「機密保持のためです」という答え

しかしここでの重要な問いは、だれのために機密保持をするのか、という問いである。ある部門、またはある製品が芳しい業績をあげていないという情報が社内に広まったときに、企業全体に損害が生じるのだろうか。あるいは数人の経営幹部が恥かしい思いをして、何らかの改善をはからなければ、というプレッシャーを感じるだけではないのか。

(二)「一般の従業員では、その情報を受けとってもどう扱ったらよいかわかりません」という答え。

訓練さえすれば、一般従業員でもその情報を理解することができるのである。

(三)「費用が掛かり過ぎます」という答え

この答えではとても納得できない論理が展開されていると言わざるを得ない。つまりマネジメントの責任を下部に委譲すると、これまで年収五万から二十万ドルの人たちが遂行していた仕事が、年収二万から五万ドルの人たちによって遂行されることになるのである。もちろん必要以上に中間管理職の数を保とうとしていない場合に限られるものの、権限委譲によって達成される人件費の削減は、新しい訓練やシステムに掛かる費用をつねに大幅に上廻るものになるのである。

ぜい肉のないフラットな階層組織が存在し、権限委譲が大幅に進んでいる企業の方が、中間に変革に抵抗する大きな集団を抱えている企業に比べて、ものごとを柔軟に運用できる。権限委譲はすぐれたアイディアではないとする数多くの言い訳が続くことは間違いないが、実際には今後二、三十年間にさらに権限委譲が進むであろうことは右に述べた事実からも明らかである。

不必要な相互依存性を排除する

いかなる組織においても、人材間やグループ間に、不必要な相互依存関係が存在している。たとえば、ドイツ支社は、本社にお伺いを立てないと何事も決定できない。本社の経理部門は工場に宛てて、毎週五十キロもある報告書を送りつける（これらの報告書はほとんどの場合見向きもされないが）。さらに一九六五年に何らかの事件が発生して、それ以降、技術部門のエンジニアがマーケティングと製造部門にプレゼンテーションを繰り返している。このミーティングは、技術の進歩によって情報がずっと迅速に、容易に処理されるようになった今日でも続けられている。一部の企業では、このような役に立たない相互依存性があまりにはびこっているために、大規模な変革を進めることがきわめて困難になってしまっている。このような状況は外部から見ると馬鹿げて見えるが、社内ではみんなに嫌々ながらも認められており、変革の推進をスローダウンさせている。

二十一世紀にはいると、変化の激しいビジネス環境が、数多くの企業に対して社内の各部門をより迅速に、より安価に調整することを求めてくるに違いない。そこでは、前世紀の遺物で、全く付加価値を生まない相互依存性は存続が許されなくなる。ということは、二十一世紀の企業は、今日われわれが見ている企業に比べて、きわめて明解な組織になっているはずである。組織構造がくもの巣のように張り巡らされていたり、規程集に盛られたがんじがらめの諸規則が山のように積み上げられることがなくなるので、組織内がより滑らかでその活動が迅速に進められるようになる。

さらに変化の激しい環境では、継続的学習のプロセスが現在より重視されるようになる。社内の相互依存関係が制御不可能に達する前に、二十一世紀において効果的経営を進める企業は、諸々の相互依存関係を定期的に見直し、不必要となった相互関係を排除するように努めるはずである。

このような将来の展開をなお理解できない読者に対しては、数は少ないにしても一部の企業では、今日すでにこのような動きが生じていることを指摘しておきたい。私の知っている、現在でもなお創業者やそのほかの起業家が経営しているかなりの数の企業では、その企業内の相互依存関係を市場環境が要求する最低レベルにまで減少させることに懸命の努力を続けている。効果的にこの目的を達成することはそれほど簡単ではない。つまり他人との関係が一部の人たちに権限を付与している現実が存在する。このような場合には、これらの人たちが権限を失うことに激しい抵抗を示す。またこのような関係は習慣として定着しやすい。したがってどの関係が妥当であり、どの関係が歴史的遺物であるのかを見分けるのはそれほど簡単ではない。とくに企業を導く広範なビジョンと戦略が存在していない組織ではことさらその判別が困難になる。とはいえ、この課題に注意深く眼を向けて、すばらしい成果を収めている企業もすでに存在するのである。

適応性の高い企業文化

一般的に言って、私がこの章で紹介してきた実践は、企業が急速に変化を続けている環境に適応していくことに役立つ。そこでこのような実践を生み、企業に定着させる努力こそ企業に適応性の高い文化を生みだす努力と同じ意味を持つものとなる。

二十世紀においては、企業に依存する集団に対する規範や共有された価値観が、ほとんどの場合変革を妨害する障害物となってきた。しかしそれらがつねに障害物として機能するとは限らない。企業文化も適応を促すことができるのである。たとえば、企業文化が優秀なリーダーシップとマネジメント機能をしっかり支援するとき、またその文化がトップ層におけるチームワークを促すとき、さらにその企業文化が、組織の階層の数、官僚主義、相互依存性を最小限に押えることを要求するといった場合である。

この種の企業文化を生みだす作業が変革の一つの重要な課題として含まれている。つまり危機意識を高め、変革のための連帯チームを築くといった努力である。今日のほとんどの産業では、企業文化を変えていくことに対するプレッシャーがそれほど強くないために、この変革努力がどうしても先延ばしにされている。たとえば「次の世代の経営層に期待しよう」とか「いまもそれほど悪い状況ではない。昨四半期の純益を見て欲しい」といった態度を取り続けている。

しかし、企業文化の変革を先延ばしにしようとは考えていない企業が、一つの産業分野に一社はあるということをしっかり頭にたたき込んで頂きたい。

適応性の高い文化を備えたきわめて柔軟な企業は、強力な競争力を備えた企業に変貌する。彼らは、卓越した製品とサービスを、より迅速に、効果的に生みだす。ごう慢な官僚主義を見事に迂回して経営を進める。より少ない資源、パテント数、マーケットシェアしか備えていないのにもかかわらず、競争に挑み、勝利を収める。

効果のあやしいリストラクチャリング、品質向上、その他のプロジェクトに追いまくられている人たちにとっては、このようにのべつまくなしに変化を続けている柔軟性の高い企業は、働き場所としては生き地獄だと考えがちである。実はそうではない。私の見聞してきた限りでは、この種の企業の方が、今日の平均的企業に比べて、仕事上できわめて高い満足をもたらす企業なのである。つまり、この種の企業では、変革が一部の人材のエゴを満足させるとか、過去の出来事に完全な服従を示す手段として進められているわけではない、という事実を思いだして頂きたい。逆に変革は、きわめて低いコストで、われわれの本当のニーズに応え得る、さらにすぐれた製品やサービスを生みだすために進められているのである。このような企業で働き、勝利を経験することは、従業員としても何か価値のあることを達成していると感じられることから、彼らにとっても心楽しい経験となる。たしかに古い官僚的組織で一生の大半を過ごしてきたような人材にとっては、激しい変革のスピードに自分を適応させるという努力が要求される。しかしほとんどの人材は、この適応の期間を過ぎると、むしろこの種の企業のダイナミックな仕事の進め方に興奮を覚えるようになる。つねに変化が生じており、倦怠を感じる暇もない。勝利は心地よい。さらにほとんどの人たちにとって、世の中に本当の貢献をしていると感じられることは、心の底から満足を感じる経験となる。

未来へ至る道

この章で述べてきたことを図11－1に要約した。この図をざっと見渡しただけでも、われわれには、かなり莫大な規模の基本的な変化を推進させることが求められているのが見て取れる。これだけの規模の変化は一朝一夕には実現できない。

変革の推進に何が必要かという議論にはつねに次のような主張が登場する。すなわち、企業が漸進的な改善を進めれば変革は成功するという主張である。こちらで二％の改善、あちらで五％のコスト削減を進めれば勝利を収める、という議論である。確かに一部の産業で、短期的観点から言えば、この主張も正しいかも知れない。しかしもう一度図11－1を見て頂きたい。二十世紀型企業から二十一世紀型企業に進むときに、漸進的な改善にたよると仮定すると、一体どの位の期間が必要となるとお考えだろうか。さらに二十一世紀型企業に素早く到達しなかったときに、どんな結果が待っているとお考えだろうか。

図11-1　20世紀型企業と21世紀型企業の比較

20世紀型企業	21世紀型企業
組織構造	**組織構造**
✔官僚的組織	✔数少ないルールと少数の従業員によって構成される非官僚的組織
✔数多くの階層 ✔経営幹部がマネジメントを進めるという考え方にもとづいて組織が作りだされている	✔数少ない階層 経営幹部がリードし、組織下部の従業員が管理するという考え方にもとづいて組織が作りだされている
✔社内に複雑な相互依存関係を数多く生みだす制度や規程によって成立している	✔顧客にすぐれたサービスを提供するために、社内の相互依存関係を最少に保つような制度と規程によって成り立っている
システム	**システム**
✔業績を分析する情報システムがほとんど活用されていない	✔顧客に関するデータを十分に提供することによって、業績を分析する情報システムを活用している
✔業績データは経営幹部にしか配付されない	✔業績データが広範囲に配付される
✔マネジメント訓練や支援システムは経営層にしか提供されない	✔マネジメント訓練や支援システムが数多くの人材に提供される
企業文化	**企業文化**
✔社内にのみ眼を向ける	✔外部に眼を向ける
✔中央集権的	✔人材をエンパワーする
✔遅い意思決定	✔迅速な意思決定
✔政治的	✔オープンで、かくしだてがない
✔リスクを回避する	✔リスクを負うことを許容する

第十二章

リーダーシップと継続的学習

第十一章で述べてきたような、成功を収める二十一世紀型企業を作りだし、維持していくために不可欠な条件は、リーダーシップの発揮である。それも経営トップにおける大規模なリーダーシップだけでなく、企業全体を通じて発揮される小規模なリーダーシップの発揮が不可欠の条件となる。ということは、今後の二、三十年間には、変化の激しい、競争の激化する環境に適応するために新しい型の企業が生みだされることと同時に、成功を収める企業においては新しいタイプの従業員を生みだすことが要求されている、という意味である。

二十一世紀型企業に属する従業員は、二十世紀型企業に比べて、リーダーシップとマネジメントの両機能においてさらに広範な能力を備えることが求められる。また二十一世紀型企業に属するマネジャーは、リーダーシップについてさらにすぐれた能力を備えることが要求される。このような能力を備えることによって、第十一章で検討した「学習する組織」を築き、維持していくことが可能になる。逆にこのような能力を欠く場合には、ダイナミックで、柔軟性に富む企業は決して実現しない。

リーダーシップについての古い概念のもとで育ってきた人たちには、右のような考え方は理解できないだろう。これまで一般的に信じられてきた歴史的視点にもとづけば、リーダーシップは選ばれた少数によって担われてきたと考えられる。この考え方に従うと、変革の八段階を推進するために必要とされるリーダーシップの発揮を多くの人材が担うという考え方はきわめて不自然なものと言わざるを得ない。したがって、読者が古い概念はすでに捨て去ったと考えている場合でも、読者が二十世紀をこの地球で過ごしてきた場合には、リーダーシップはエリートに属するものとするこの古い概念が頭脳の奥深いところに埋め込まれており、自分の気付かないところでその行動に影響を及ぼしているに違いない。

この古い考え方に伴う最大の欠陥は、リーダーシップの起源について間違った認識をしてしまっている点である。簡単に説明すると、かつてから一般的に信じられてきたこの考え方では、リーダーシップ能力は、生まれつきの神聖な才能であり、ごく少数の人材に与えられた特別な才能であると考えられてきた。私自身もかつてはこの考え方を正しいものと信じた時期もあった。しかしほぼ三十年間にわたり、さまざまな企業とそれらの企業を運営する多数の人々を観察した結果、この古い形の考え方は現実に合わないということを確信するに至った。とくに、この古い考え方が、継続的な生涯学習のもたらすパワーと可能性をほとんど考慮していないということに思い至った。

二十一世紀型企業の経営幹部

私がマニーに最初に会ったのは一九八六年であった。その当時の彼は、スマートで、親しみの持てる、しかも野心的に将来を目指す、四十歳のマネジャーであった。すでに彼はそのキャリアでかなりの成功を収めていたものの、とくにきわだった成功を収めていたわけではなかった。彼の属する企業では、私の知る限り、だれも彼のことを「リーダー」とは呼んでいなかった。私自身も、彼のことをかなり用心深く、やや政治的な人材というふうに見ていた（二十世紀の官僚組織で育った人たちのほとんどはそのような傾向を備えているが）。しかし彼なら、その企業のスタッフ職の重要な職位に二十年ほどとどまり、とても卓越したレベルとはいえないまでも、かなりのレベルの貢献を企業に対して成し得るであろうと予測していた。

このマニーに二度目に会ったのは一九九五年であった。ほんの短時間の会話を交わしただけでも彼のなかに、かつては見られなかったような能力上の深みと豊かさを感じ取れた。彼の企業のほかの人たちの意見を求めても、同じような評価が繰り返された。彼らは私に「どれだけマニーが成長したか。驚くほどでしょう」と告げたが、私も彼らに「本当に驚くほど成長しましたね」と答えるしかなかった。

今日マニーは純利益六億ドルを生むビジネス部門を経営している。このビジネスは、数々の障害にぶつかりながらも成長の機会を得て急速にグローバル化を進めている。私がこの本を執筆している間も彼は、その企業にすばらしい未来をもたらすべく、大規模な変革の実現に向けて、彼のグループを導いている。四十歳当時にはとうてい偉大なリーダーには見えなかったこの人物が、すぐれたリーダーシップを発揮しているのである。

マニーのような人物は、少数とは言え、いつの時代にも存在した。彼らは三十五歳や四十五歳で自己の成長をスローダウンさせずに、青少年期に見られるようなスピードで学習を続けている。このような基準をはずれた例外的人材を見ると、人間に生来備わったＤＮＡ（細胞核染色体基礎物質で遺伝情報を含む）は決して人生後半での成長を妨害するものではないということが確認できる。私は、二十世紀のもっとも偉大なビジネスリーダーのひとりである松下幸之助の伝記をほぼ書き上げたところであるが、彼はここに紹介した特性を顕著に備えている。松下幸之助の若い頃を振り返ると、きわめて勤勉ながら病気がちの若者像が浮かび上がってくる。その頃の彼についての記述には、リーダーという言葉はおろか、才気換発、ダイナミック、ビジョナリー、カリスマ的という言葉は全く見いだせない。にもかかわらず、彼はすでに二十歳台で起業家として立ち、三十歳、四十歳台でビジネスリーダーとなり、五十歳台ではメージャーリーグ級企業の変革者に成長している。その結果、彼の企業を第二次世界大戦による壊滅状態から立ち直らせ、新技術を吸収し、活用しつつビジネスをグローバル規模に成長させ、幾度にもわたり企業を再建しながら、想像を絶するレベルの成功に導いたのである。しかしその段階にとどまらず、六十歳台には著述家として、七十歳台にはフィランソロピスト（慈善家）として、八十歳台には教育者として、さらに成功を収めるキャリアを築き上げた。

二十一世紀にはいると、このような目覚しいリーダー、つまり一生を通じた学習によって自らの能力を向上させるリーダーの数が増加すると考えられる。これは、急速に変化を続ける環境では、この種の成長が益々重要さを増すことが予測されるからである。変化の少ない世界では、一生を通じて身につけるべき知識をほぼ十五歳に至るまでに学び取ることができるし、またわれわれのほとんどはリーダーシップの発揮を求められる局面に遭遇することもない。しかし激しい変化の続く環境では、たとえ九十歳に至っても学ぶべきことの全てを学び取ることは不可能となる。さらにリーダーシップ能力の開発がさらに多くの人たちに要請されることとなる。

変化のスピードが速まるに連れて、学習を続ける意志と能力が、個人のキャリア上の成功と、企業の業績上の成功にとって不可欠の要件となる。マニーや松下幸之助のような人物は最初から資力や知能に恵まれてこの種のレースに臨んだわけではない。むしろ競争者をつねに追い抜く努力によって勝利をつかんできたのである。彼らは、複雑で、変化の激しい環境に対応する能力をまず身につけた。さらに企業の変革を推進するうえで、きわめて熟達したレベルに自らを向上させた。つまりリーダーになるために学習を続けたのである。

競争に挑む能力に伴う価値

急速に変化を遂げているビジネス環境において、学習し続けることとリーダーシップの発揮との間に重要な関係があることは、一九七四年にハーバード・ビジネス・スクールを修了した一一五人の学生を二十年間にわたり追跡調査した研究結果からも明らかだ。この調査は、これらの学生が卒業した時期が経済環境が厳しさを増してきた時期と一致しているにもかかわらず、なぜほとんどの学生がそのキャリアで成功を収めているのかを解明しようとしたものである。この調査から私は次の二つの要素が重要であるということを発見した。すなわち、競争に挑む意思と生涯学習の二要件である。つまり、この二つの要件が、競争を勝ち抜いていくうえできわめて重要な能力を育てることから、これらの学生の優位性が保たれてきた、と結論できるのである（図12－1）。まず競争に挑む強い意思が生涯を通じた学習を促す。その生涯学習が技能と知識、とくにリーダーシップ技能のレベルを向上させる。その結果、益々複雑さを増し、急速に変化を続けるグローバル経済に対応する驚異的な能力を育む。マニーの例に見られるように、自らに高い目標を設定し、学習を続けることに強い意思を備えた人材は、彼らの四十歳当時に比べて五十歳にな

図12-1 生涯学習、学習能力、将来成功を収める可能性の間の関係

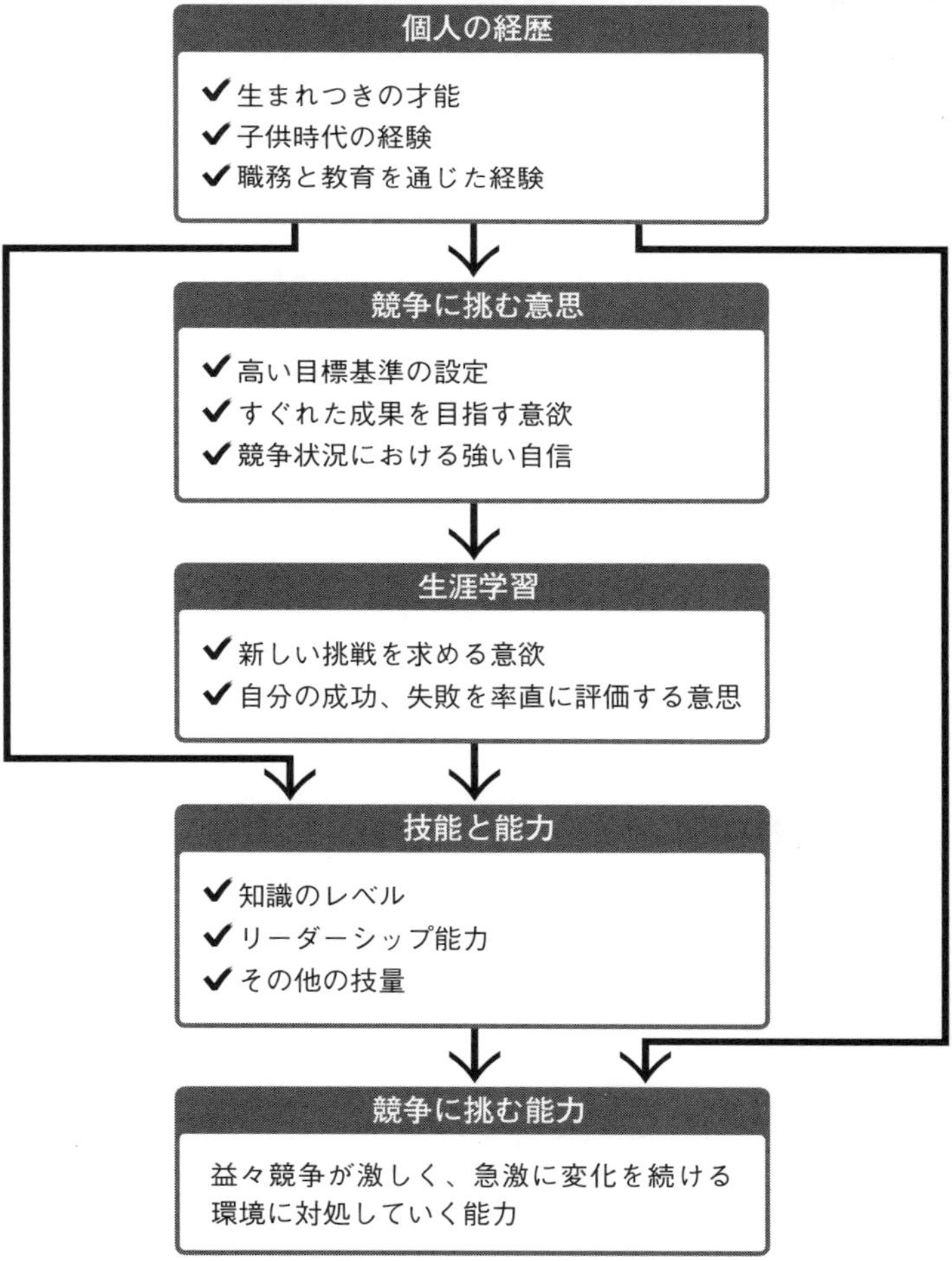
個人の経歴
✔生まれつきの才能
✔子供時代の経験
✔職務と教育を通じた経験
競争に挑む意思
✔高い目標基準の設定
✔すぐれた成果を目指す意欲
✔競争状況における強い自信
生涯学習
✔新しい挑戦を求める意欲
✔自分の成功、失敗を率直に評価する意思
技能と能力
✔知識のレベル
✔リーダーシップ能力
✔その他の技量
競争に挑む能力
益々競争が激しく、急激に変化を続ける
環境に対処していく能力

出典："The New Rules: How to Succeed in Today's Post-Corporate World" J. P. Kotter著，Free Press 1995年刊

ると、さらに強力で、有能なリーダーへとはっきり眼に見える形で成長を遂げる。
マーセル・デュポールは正にこの種の人材を代表する人物であった。彼は中流家庭に育ち、ミシガン州の最高の大学とは言えないものの、かなり質の高い大学で学んだ。MBAコースには、テストの点数よりも、彼の高校時代のすぐれた活動の数々が評価されて合格した。三十五歳では、キャリア上なかなかの業績を上げていたが、だれも彼の将来における偉大な達成を予見できなかった。ヨーロッパ系の大規模な製造企業でスタッフオフィサーであった彼は、程々の評判は得てはいたが、とくに名声を博していたわけではない。一九八二年に私自身が彼と面接したときにも、リーダーというイメージはわいてこなかった。しかし十二年後にはこの物語は大きな転換を見せる。

一九九四年には、マーセルは自らの興した企業の社長となっており、たくさんの従業員を抱え、彼自身、巨額の財産を築いていた。彼はある製品を開発し、その市場を開拓し、その両方を維持する企業を築き上げていた。彼の属する業界では、「ビジョナリー」であると賞賛されていた。さらに私の会ったひとりの人物は、マーセルに備わる「カリスマ性」について何度も強調した。これらの全てが、一九八二年には私自身あまり強い印象を抱かなかった人物によって達成されたのである。

マーセルの成功を説明しようとするとき、われわれは運のよさをその理由としてあげることが多い。たしかに彼の場合にも運のよさが伴っていた。しかし同時に彼の経験した困難なビジネス環境では、運のない状況、苦境に陥った状況が何度も生じていたことも理解すべきである。マーセルのケースで刮目すべき事実は、彼が苦境に陥ったときも決してくじけず、むしろその苦境を学習と成長の糧にしてきたという事実である。

予期せぬ苦境に陥ったとき、彼は怒りを感じたり、不機嫌になったにしても、決してあきらめたり、自己防衛に走って自分を身動きできない状況に追い込むことはなかった。彼は、好調なときも不調のときもしっかり内省し、その両方の局面で学習を進めようとした。自らが間違いを犯したときには、成功に伴って生じ易いごう慢な態度を最小限に押さえることに努めた。自分に対して比較的控え目な評価を下していた彼は、ほかの人たちに比べて、状況をさらに客観的に分析し、他人の意見にも注意深く耳を傾けるように努力した。彼が何かを学ぶと、新しいアイディアを真摯にテストしようとした。その行動によって、自らの快適ゾーンから自分が追いだされることになっても、あるいは個人的なリスクを負うことになっても、新しいアイディアを真剣にテストしようとした。

オープンな態度で他人の発言に耳を傾け、新しいアイディアをテストし、成功のケースでも失敗のケースでも正直に内省する行動には、高い知能指数、ＭＢＡの修士号、人並みはずれた経歴のいずれも必要ない。しかし今日では、人々が三十五歳を過ぎ、かつそのキャリアでかなりの成功を収めたあとには、このような行動を示す人々の数がごく少なくなる。しかしマーセル、マニー、松下幸之助のような人物は、このような比較的簡単な手段を活用して、ほかの人たちが成長を止めたり、後退している間に、自らを成長させ続けるのである。その結果、このような人材は、変化に対する適応能力を向上させ、自らに備わるリーダーシップ能力を開花させ、企業が急速に変化を続けるグローバル経済に適応することを実現したのである。

成長の積み重ねが生むパワー

マーセル、マニー、松下幸之助のような人材を観察すると、自らのリーダーシップやそのほかの能力を開発する彼らの能力は、成長を積み重ねるにつれて備わるパワーと深く関わっている事実に気付くはずである。

次のような簡単な例を考えてみよう。フランは、三十歳と五十歳の間に年率六%で成長を続けた。つまり、自分のキャリアに関連する技能と知識を毎年六%ずつ向上させたわけである。彼女のふたごの姉妹のジャニースは、三十歳当時、フランと同等の知能、技能、情報を備えていたが、その後の二十年間に年率一%の向上を示した。ジャニースのほうは、若いときの成功によって独りよがりになり、ごう慢になってしまったのかも知れない。あるいはフランのほうが、彼女の心を燃やす何らかの経験を持っていたのかも知れない。いずれにせよ、このケースでの問は、このような学習における成長率の小さな差が五十歳になってどれほどの差を生むか、という点である。

フランとジャニースに関してこのような事実を考慮すると、五十歳になればフランのほうがジャニースより多くのことを遂行し得るようになることは明白である。しかしわれわれは、二十年後にフランがどれほど有能なレベルに達し得るかを過小評価しがちである。つまり複利的に成長を続けることの効果を理解できない。われわれは、七％の年利と四％の年利であずけた預金が二十年間にどれだけの差を生むのかをよく理解し得ないのと同様に、学習を毎年積み重ねることの巨大な効果を理解できないのである。

フランとジャニースを比較すると、二十年間にわたる年間六％と年間一％の成長の差はきわめて大きなものになる。もし三十歳で二人がキャリアに関連する一〇〇の能力を備えていたと仮定すると、二十年後には、ジャニースは一二二の能力に至るのに対し、フランのほうは三二一の能力を備えることになる。三十歳では同じ程度の能力を備えていたものが、五十歳になるとふたりは全く違ったリーグに属することになる。

二十一世紀の世界が、アメリカの一九五〇年代、六〇年代に代表されるような安定し、秩序正しく、繁栄が続く世界であり続けるのであれば、この成長率の差もあまり大きな意味を持たない。そのような世界では、もちろんフランのほうがジャニースより多くのことを成し遂げることができると認められることは間違いないにしても、二人ともつつがなく仕事を続けることができる。安定性、秩序、繁栄の存在が、競争や成長、リーダーシップ能力、変革に対する要求を低く押さえるからである。しかし将来においてはこの状況が大きく変化する。

二十一世紀には、企業側が、学習を続け、変革を続け、つねに自らを改革していくことが求められることと併行して、数多くの人々にもこのような行動が要求される。生涯を通じた学習とそのような学習を通じて開発されるリーダーシップ能力は、これまではごく少数の人材にのみ求められてきた。しかし今後の二、三十年間には、もっと数多くの人材にこのような要求が課せられることは疑い得ない。

生涯学習を進める人材とは

ではフランやマニーのような人材はどうやって生涯学習を続けるのだろうか。そこには宇宙工学技術などは要求されない。彼らの備えている行動習慣は比較的簡単なものである（図12－2）。生涯学習を続ける人材はリスクを負うことを厭わない。ほかの人々と比べると、これらの人材は、自分の快適ゾーンを飛びだし、新しいアイディアをテストする勇気を備えている。われわれの数多くが自分のやり方にこだわっているうちに、このような人材はさまざまな方法を試行し続ける。

リスクを負うことによって、必ず大きな成功、あるいは大きな失敗が訪れる。ほとんどの人たちに比べて、生涯学習を進める人材は、自らを成長させるために、自分の経験を謙虚に、正直に

図12-2 生涯学習を促す習慣的行動

✔リスクを負う	自分自身を自らの快適ゾーンから敢えて踏み出させる意思
✔謙虚な自己認識	過去の成功と失敗、とくに後者について正直に内省する態度
✔他人から意見を求める	積極的に他人から情報やアイディアを収集する態度
✔注意深く傾聴する	他人の発言に耳を傾ける能力
✔柔軟である	変化の激しい状況において、個々人の自主的行動とさまざまな選択を許容する柔軟性を備えている
✔新しいアイディアをオープンに受けとめる	オープンに、能動的に人生を受けとめていく積極性

振り返る。彼らはその失敗をカーペットの下にかくしたり、あるいは合理的な結論をだす彼らの才覚をつぶすような防衛的態度をもって分析しようとはしない。

生涯学習を続ける人材は、積極的に他人からの意見、アイディアに耳を傾ける。彼らは、自分がすべてを理解しているとか、ほかの人たちはほとんど貢献してくれない、とは考えない。これとは逆に、正しい方法によれば、どのような状況においても、どのような人からも何らかを学べると信じている。

平均的な人材に比べると、これらの人材は他人の発言に注意深く、しかもオープンな態度で耳を傾ける。しかし彼らは、傾聴によってすばらしいアイディアや重要な情報にたびたび遭遇できるとは考えていない。むしろ反対の意見を持っている。つまり注意深く耳を傾けることによって、自らの行動の結果について正確なフィードバックが得られることを理解している。このような正確なフィードバックが得られないケースでは、真の学習も実現しない。

ここで質問。「このような行動習慣がそれほど簡単なのに、どうしてわれわれの多くはそのような習慣を身につけないのだろうか。」その答え。「このような行動は、短期的には大きな苦痛を生むからだ」。

リスクを負うことによって、成功することも失敗することもある。率直な反省、傾聴、他人の意見に耳を傾ける行動、オープンな態度のいずれにおいても、興味深いアイディアと同時に、悪い情報と望ましくないフィードバックがもたらされる。一般的に言えば、失敗や望ましくないフィードバックがもたらされない状況の方が人生は余程楽しい。

生涯学習を進める人材は、短期的な苦痛を生む行動を避けたり、排除しようとする、われわれに生来備わっている性向をすでに克服している。困難な修羅場を何度も乗り切ってきた経験から、困難な状況に対する抵抗力を身につけている。思考を研ぎ澄ますことを通じて、このような行動と生涯学習の重要性を十分に理解している。しかしもっとも重要な点として、彼らの抱く目標と向上心が、彼らの謙虚な心、オープンな態度、リスクを敢えて負う行動、他人の意見に傾聴する能力を育んできたのである。

私自身の知る限りのもっともすぐれた生涯学習者とリーダーは、自らに対する高い基準、野心的な目標、その人生における真の使命観を備えているように見うけられる。このような目標と使命観が彼らを鼓舞し、自らの成功を謙虚に受けとめることを促し、さらに成長に伴って生じる短期的な苦痛に効果的に対応することを可能にしてきた。このような使命観は若い時期に形成される場合もあるし、もっと歳をとって形成されることもあるが、多くの場合、この両時期にまたがって形成される。いずれのケースでもこのような使命観が、彼らが快適ゾーン、安全ゾーンにとどまり続ける誘惑に打ち勝つことを可能にしている。つまり、納得できるリスクも負わず、心を固く閉じ、他人の意見を積極的に求めず、他人の意見にも耳を傾けない傾向が生じることを防いでいるのである。

企業にとってチャレンジングなビジョンが変化を続ける環境に対応することを助けてくれるように、何にもまして挑戦を含み、人間性にもとづいて形成される目標こそが個人の成長を促す行動習慣を補強してくれるのである。

キャリア・ディベロップメント

さらに不安定さを増す経済環境、あわせてさらに多数のリーダーシップ発揮と生涯学習が必要とされる二十一世紀においては、二十世紀に典型的に見られたものとはきわめて異なったキャリアが開発されることになるはずである。

過去百年間、キャリア上成功を収めたホワイトカラー従業員は、若いときに評判のよい会社に入社し、狭い専門職務の階段を登りつつ、マネジメント機能の真髄を学び取ってきた。これに対し成功を収めたブルーカラー従業員のほうは、すぐれた労働組合の存在する会社を選び、一つの職務をきちんと遂行することを学んだうえで、その職に何十年もとどまってきた。二十一世紀にはいると、これらのようなキャリアパスによってはたくさんの人たちに満足できる人生を提供することは不可能になる。というのはどちらのキャリアパスを取っても、十分な生涯学習、とくにリーダーシップ能力の学習が促されないからである。

とくにブルーカラー従業員にとって大きな問題が発生する。これまで労働組合の立てたルールでは個人の成長を阻害することが多かった。職務を狭く限定するという考え方は、もちろん学習を阻害することを目的にして生まれてきたわけではないが、結果的に学習を阻害する要因となってきた。安定した環境ではこのようなルールのもとでもあまり問題は発生しない。しかし変化の激しいグローバル市場のもとでは、大きな問題を生む要因となる。

これまでホワイトカラーに対して求められてきたキャリアパスでも学習は促されてきた。しかし、それはきわめて限定された専門分野での学習にとどまっていた。つまり、ホワイトカラーは、経理（あるいはエンジニアリングやマーケティング）の専門知識を深く学ぶことを要求されたものの、ほかのことを学ぶ必要はなかった。ある職位レベルに達すると、リーダーシップ機能ではなくて、マネジメント機能を学ぶことが要求された。

二十一世紀において成功を収めるキャリアはもっとダイナミックなものになるはずである。今日でもすでに、一つの専門分野で直線的に昇進の階段を登るキャリアは評価されなくなっている。たった一つの職務を同一の方向で長期間にわたり遂行するホワイトカラーの数は減少している。ところで、不安定性が増し、変化の激しい状況に対して、人々が当初不安を抱くことはむしろ自然な反応である。しかし多くの人たちはこのような状況に徐々に適応する。このような適応から生じる効果はきわめて大きな価値を伴うものとなる。

変化に富むキャリアパスを見事にマスターしようとする人物は、外界の変化もあまり苦にしないことから、企業の変革においても重要な役割を果たす。このような人物は、自らのリーダーシップに関する潜在能力をかなり容易に開花させる。リーダーシップ能力を身につけることによって、彼らは、企業業績の向上に貢献しつつ、変革に伴って生じる苦痛を最小限に押さえる努力を通じて、企業が変革のプロセスを推進する局面で重要な役割を果たすことになる。

将来に向けて大幅な前進を図る

いろいろな理由から、今日でもなお数多くの人たちが二十世紀型のキャリア開発と育成のモデルを支持している。このような方法によっていままで成功してきたのだから、なぜ変える必要があるのか、と主張する。これらの人々は二十一世紀に向けての明確なビジョンを持っていないために、どのように自らを変革すべきかについても理解できていない、と解釈することも可能である。しかし数多くの人たちがなお旧来からのキャリア・ディベロップメントの考え方を支持している最大の理由は、人々の抱く怖れの感情であると言える。彼らは、自分のまわりの職務が消えていく状況を目の当たりにしている。またダウンサイジング、リエンジニアリングの結果、職を失った人たちに起こった怖ろしい経験を見てきている。彼らは自分の健康保険、子供たちの大学での学資にどんなことが起こってくるかを心配している。その結果、自分自身の開発に眼を向ける余裕が持てない。自分の備えているリーダーシップの潜在能力を開発していくことに眼を向けることができない。むしろ現在自分が備えている能力を防衛することに努力する。つまり彼らは、将来ではなく、過去を大事に守ろうと努める。

過去を大事に守るという戦略は、今後二、三十年間にますます時代遅れのものになることは間違いない。ということはわれわれの大多数にとっては、変化にいかに対応していくか、自分の持つリーダーシップの潜在能力をどうやって開発していくか、企業の変革のプロセスにどのように貢献していくかといった点について学習をはじめることが今後さらに重要な戦略になるということを意味する。またリスクを伴うにしても、将来に向けてどうやって大幅な前進を図っていくべきかを考える段階が到来しているのである。このような行動は先延ばしにせず、いますぐに取り組みをはじめるべきである。

私自身これまで企業での生活を観察した結果、次の事実を確信をもって指摘できると信じている。つまり、過去を大事に守っている人たちよりも、将来を重視することに努めている人たちのほうが、企業でもっと幸せを感じることができるという事実である。とはいえ、二十一世紀型企業の一員になることを学ぶことが容易であると主張しているわけではない。しかし、自らを成長させ、変化に自らを適応させ、自らのリーダーシップ能力を開発することに努めている人たちは、自分自身、自分の家族、自分の企業にとって正しいことを遂行しているという確信にもとづいて行動していることは疑いない。この使命感こそ、困難な時代に、彼らを行動に駆り立てる自らの動機づけとなっているのである。

また、現在企業のトップの立場にある人たちのなかで、ほかの人たちが将来に向けて大きな前進を実現することを助け、彼らが生来備えている怖れを克服することを助け、その企業において幅広いリーダーシップ能力を開発している人たちこそ、われわれ人類社会全体にきわめて大きな貢献をしているのである。

われわれはこうした人々を多数必要としており、将来に向けて、このような人材をさらに数多く開発していくことが求められている。

訳者あとがき

訳者はこの本を訳し終えて、すがすがしい感銘とともに、力強い励ましを受けたと感じている。二十一世紀を間近にして、現在各企業は大幅な変革を迫られている。また企業に働く人々も、そのような変革に効果的に取り組み、さらに変革を推進することに貢献することを迫られている。

本書でコッター教授は、各企業が変革を進めていく際にたどっていくべき八つの段階を論理的に、明確に描きだしている。すなわちコッター教授は変革推進のための次の八段階を、具体的な実証、実例にもとづいて次のように明示している。

一、企業内に十分な危機意識を生みだす
二、変革を推進する連帯チームを形成する
三、ビジョンと戦略を立てる
四、変革のためのビジョンを周知徹底する

五、変革に必要とされる広範な行動を喚起するために人材をエンパワーする
六、変革の勢いを維持するために短期的成果を挙げる
七、短期的成果を活かして、さらに数々の変革プロジェクトを成功させる
八、新しく形成された方法を企業文化に定着させ、より一層たしかなものにする

目下のところ、日本企業は二十一世紀に向けてどのように企業を変革していくべきかについて確固たる信念が持てずに、その方法に戸惑いを感じているように観察される。多くの日本企業が企業とビジネスの変革において米国企業に遅れを取っていると感じているようにも見える。しかし訳者は、これだけの底力を持ち、すぐれた技術力を蓄えた日本企業は二十一世紀に向けて再び大きな力を発揮するようになることを信じている。日本企業の二十一世紀に向けての変革推進のための方法論を本書は明示している。

また二十一世紀に向けて、われわれ個人がどのようにキャリア・ディベロップメントを図っていくべきかという点についても、本書は、きわめて有益な助言を提供してくれている。すなわち、自らに対し高い目標基準を設定し、競争に立ち向かう強い挑戦の意思を築き、人生における真の使命感をもって自らを成長させていく。さらに益々変化の激しくなる環境で、他人の意見に耳を傾け、新しいアイディアをテストし、成功についても失敗についても内省を進め、失敗を乗り越えて自らを向上させるために生涯を通じた学習を続ける、というキャリア・ディベロップメント

が提示されている。とかく方向を見失いがちなわれわれにとってきわめて有益な助言である。

またコッター教授は、全篇を通じてリーダーシップとマネジメント機能の差について解明している。リーダーシップは、激しく変化を続ける企業環境に対応していくために、企業に必要な変革を推進する役割を担う。つまり、企業の将来におけるあるべき姿を描きだして、ビジョンを明確化する。そしてそのビジョンを達成していくための戦略を作る。このあと、ビジョン、戦略を広く関係者にコミュニケートし、理解を求めて、人材にエネルギーを燃え立たせ、力を与えていく。このような方法を活用して企業内に必要な変革を推進していくのがリーダーである。

これに対してマネジメントのほうは、予測される成果を予測どおりの方法できちんと達成していくことを任務とする。まず成果達成のために計画立案と予算設定を行ない、次に成果達成のために必要な組織を作り、職務を確定し、さらに人材を適材適所の考え方にもとづいて配置する。そして計画どおりにものごとを遂行し、計画と実際の成果を比較し、もし計画からの逸脱が発見されたらこれを問題として取り上げ、必要な是正措置を講ずる。

コッター教授は、変革を成功に導くためには、もちろんすぐれたマネジメントも必要ではあるものの、将来においてはリーダーシップの発揮がさらに重要となってくることを強調している。それも企業トップによる大規模なリーダーシップのみならず、われわれ全員による小規模なリーダーシップの発揮が益々重要になってくると主張する。企業における大規模な変革は、トップ経営者の数人によって達成されるものではなくなっているからである。

コッター教授は、その初期の著書『ゼネラル・マネジャー』から、最近の『変革するリーダーシップ（A Force for Change）』、『企業文化が高業績を生む（Corporate Culture and Performance）』（ダイヤモンド社）、『New Rules; How to Succeed in Today's Post Corporate World』に至るまで、一貫して「リーダーシップ」の解明に取り組まれている。この方面に興味をお持ちの読者には是非読んで頂きたい著作である。訳者にとっても、この本はコッター教授の著作の翻訳に取り組んだ三冊目に当たる。いずれの著作からも数多くの啓発を受けた。とくに具体的に変革の諸段階を明らかにしてくれている本書からはきわめて多くのことを学ぶことができた。コッター教授に深く感謝したい。

一九九七年五月

梅津祐良

【著者紹介】

ジョン・P・コッター（John P. Kotter）

ジョン・P・コッターは、ハーバード・ビジネス・スクールの冠松下幸之助講座リーダーシップ教授であり、マサチューセッツ州ケンブリッジに設立されたコッター・アソシエイツの創設者、会長である。ＭＩＴとハーバード大学を卒業後、一九七二年以降、ハーバード・ビジネス・スクールで教鞭を取る。一九八〇年には、三十三歳の若さで終身教職権を獲得し、正教授の職に就く。これはハーバードの歴史のなかでも、最年少の教授就任の栄誉と認められる。

コッター教授の著書としては、"The General Managers"（1982）,"Power and Influence: Beyond Formal Authority"（1985）,"The Leadership Factor"（1987）,"A Force for Change ; How Leadership Differs from Management"（1990）,"Corporate Culture and Performance"（James L, Heskett との共著, 1992）"New Rules: How to Succeed in Today's Post Corporate World"（1995）があり、これらのすべての著書が米国でビジネス書のベストセラーにランクされている。コッター教授はさらに、きわめて評判の高い二本のビデオプログラム"Leadership"（1991）,"Corporate Culture"（1993）,を制作した。またハーバード・ビジネス・レビュー誌の教授の論文の抜刷りは、過去二十年間に百万部以上販売されている。

教授はこれまで数多くの賞を受賞している。その主なものに、"Exxon Award for Innovation in Graduate Business Curriculum Design", Johnson, Smith & Krisely Award for New Perspectives in Business Leadership","McKinsey Award for Best Harvard Business Review Article"がある。

コッター教授は、世界中の経営者会議にたびたびスピーカーとして招かれている。氏はマサチューセッツ州ケンブリッジとニューハンプシャー州スクアムレイクに、夫人のナンシー、二人の子供キャロラインとジョナサンと住む。

本書は一九九七年六月に小社から刊行された『21世紀の経営リーダーシップ』を改題・一部改訳したものです。

【訳者略歴】
梅津祐良（うめず　ひろよし）
早稲田大学アジア太平洋研究センター教授。東京大学社会学科卒業。ミネソタ州立大学産業心理学修士課程、ノースウエスタン大学経営学修士課程修了。日本放送協会、モービル石油、日本メドトロニックを経て現職。著書には「革新型リーダーシップ」（ダイヤモンド社）、「戦略的リーダーシップ」（日本経営協会）がある。また、「変革するリーダーシップ」（J・P・コッター著、ダイヤモンド社）、「グローバルチャレンジ」（R・T・モラーン、J・R・リーセンバーガー著、日経ＢＰ社）をはじめとする多数の訳書がある。

●

企業変革力

2002年4月15日　第1刷発行

著　　者◎ジョン・Ｐ・コッター
訳　　者◎梅津祐良
発 行 者◎岡村　久
発　　行◎日経ＢＰ社
発　　売◎日経ＢＰ出版センター
〒102-8622　東京都千代田区平河町2-7-6
電話　03-3221-4640（編集）／03-3238-7200（営業）
http://store.nikkeibp.co.jp/

印刷・製本◎株式会社シナノ
装　　丁◎黒田　貴

Printed in Japan
ISBN 4-8222-4274-9